古代歷史文化研究輯刊

五 編

王明蓀 主編

第31冊

朝鮮白瓷研究

成耆仁 著

國家圖書館出版品預行編目資料

朝鮮白瓷研究／成耆仁 著 — 初版 — 新北市：花木蘭文化出
版社，2011〔民 100〕
目 2+140 面；19×26 公分
（古代歷史文化研究輯刊 五編：第 31 冊）
ISBN：978-986-254-444-0（精裝）
1. 古陶瓷　2. 瓷器　3. 官窯　4. 韓國
618　　　　　　　　　　　　　　　100000601

ISBN-978-986-254-444-0

9 789862 544440

古代歷史文化研究輯刊
五　編　第三一冊　　　　　　ISBN：978-986-254-444-0

朝鮮白瓷研究

作　　者　成耆仁
主　　編　王明蓀
總 編 輯　杜潔祥
印　　刷　普羅文化出版廣告事業
出　　版　花木蘭文化出版社
發 行 所　花木蘭文化出版社
發 行 人　高小娟
聯絡地址　新北市永和區中正路五九五號七樓之三
　　　　　電話：02-2923-1455／傳眞：02-2923-1452
電子信箱　sut81518@gmail.com
初　　版　2011 年 3 月
定　　價　五編 32 冊（精裝）新台幣 56,000 元

朝鮮白瓷研究

成耆仁　著

作者簡介

成耆仁
學歷
    1. 韓國首都女子大學美術系畢業（1965），B.A.
    2. 國立臺灣師範大學美術系畢業（1970），B.A.
    3. 國立東京教育大學藝術教育研究所畢業（1976），M.A.
    4. 國立臺灣大學歷史研究所中國藝術史組畢業（1986），M.A.
    5. 私立文化大學史學研究所博士班畢業（1997），Ph.D
    6. 國立歷史博物館退休（2010 年 1 月 16 日）／國立臺灣藝術大學造形所兼任副教授
經歷
    1. 臺灣彰化陽明國中美術教師（1970 ～ 1973）
    2. 韓國江陵關東大學美術系講師（1976 ～ 1978）
    3. 國立歷史博物館副研究員（臺北）（1984 ～ 2010 年 1 月 16 日）
    4. 國立臺灣大學醫學院、國立臺灣師範大學美術研究所授藝術史課程（代本館 黃館長光男授課）
    5. 利用「遠距教學」授課於國立雲林科技大學、新竹清華大學、大葉大學、高雄中山大學
    6. 義工培訓教育，對外演講（本館推廣教育之一）
    7. 擔任國立臺灣師範大學美術研究所研究生論文指導老師（2000 ～ 2002）、多次擔任各大學研究所研究生畢業論文口試委員（1998 ～至今）
    8. 韓國駐臺北文化大使（2000 ～ 2002）
    9. 鶯歌陶瓷博物館、財政部海關博物館籌備委員（1998 ～ 2002）
    10. 國立歷史博物館學術委員暨文物鑑定委員（1995 ～至今）
    11. 教育部聘請文化資產鑑定委員（2000 ～至今）
    12. 季刊雜誌《陶藝》和《普洱茶》顧問暨特約（1998 ～至今）
    13 多次策劃國際研討會、特展及撰寫圖錄和特刊
    14 著作及發表論文數十篇
    15 多次應邀出席國際研討會並發表論文

提　要

　　十四、十五世紀初是中國和高麗陶瓷史上非常重要的大時代，也是青瓷式微和白瓷的大盛之轉換點。

　　中國在明洪武年（1392）設立官窯廠於江西景德鎮，陶政與窯廠結構完善，加上分工十分詳細，產品以白瓷和青白瓷為主流，在嚴格的品質管理之下燒製精品專供宮廷使用，特別是在永樂、宣德、成化年間所燒官窯瓷器，在陶瓷史上獲得極高藝術評價。

　　朝鮮官窯尚未設立以前，由各地方政府遴選精緻瓷器做為貢物進中央。

　　至十五世紀六十年代設立第一座官窯於韓國京畿道廣州以來，改由官窯廠所燒白瓷供宮廷使用，從此導致地方窯廠的數量急速減少，產品也變得十分粗率。朝鮮白瓷在明永樂、宣德朝所燒白瓷和青花瓷的刺激與影響之下歷經：（1）仿效中國瓷器期、（2）發展期、（3）朝鮮化時期並在紋飾和器形方面逐漸呈顯出朝鮮本位的趣味，尤其朝鮮世宗王愛好白瓷，於

一四二九年下令以白瓷為宮廷用「內用器」，並替代傳統已久的金銀器。明代發展迅速的五彩、鬥彩等瓷器外觀十分華麗、奢侈，而紋飾出現圖像化趨勢。然而，這一點較不合於朝鮮人所追求的審美觀，倒是白瓷依舊受到青睞，青花瓷佔取次位。

朝鮮白瓷是以儒教思想為政治理念。追求清廉、重道德並愛好自然的朝鮮社會的產物。朝鮮白瓷釉色不同於明代白瓷，也不同於日本白瓷。以青花瓷而言，朝鮮青花瓷和明清官窯青花瓷之間存在著相當的差異；即器形單純、紋飾樸素、釉色典雅的朝鮮青花瓷與濃豔華貴的明清官窯青花瓷成為強烈的對比感觀；論器型，朝鮮青花瓷追求樸素、單純之果，器型少有完全對層、均衡，卻由此產生無限「自然」和「親和」之美；論裝飾，朝鮮瓷器的虛實相應、疏密鬆繁以及善以誇張的繪畫性，賦予前所未有的充滿活力與永恆的生命力，而與傳統、格式化趣響的明清官窯青花瓷迥然不同，倒是與明清民窯瓷的審美觀互通。

朝鮮社會實施嚴重階級制度，朝鮮五百年國祚未曾允許一般人使用白瓷。而在陶瓷史上朝鮮和明代均創出許多「相同」點；如十五世紀的朝鮮和明代人民喜愛白瓷勝過於青瓷和其他瓷器類、其時所燒瓷器在品質和數量上雙雙達到相當水準，並增添陶瓷史上的光采。

目

次

緒　論

　　中國是發明瓷器之國，早在東漢時候已經出現瓷器。高麗瓷器的燒製成功時間相當早，青瓷和白瓷大約在十世紀前後已經出現。

　　通常，高麗瓷器所指的是青瓷，對於高麗白瓷則鮮人知道。到了朝鮮時代，由於與中國明朝交往密切，朝鮮受到明永樂、宣德白瓷的製作影響，遂使能燒製高級白瓷。朝鮮民族自古對白色特別鍾愛，朝鮮五百年以白瓷為主要產品，追求自然、樸素的純白色，因而朝鮮白瓷在世界陶瓷史上成為特別對象，它的藝術、創造更是受到肯定。白瓷早在十世紀（高麗朝）已經出現，在朝鮮時期展開全盛期，然而對如此受肯定的韓國瓷器做介紹或研究論作卻相當貧乏。

　　筆者長期客居台灣，研究中國陶瓷史有十數年，又因工作之便，多以接觸實物，發現深入研究中國陶瓷史有助了解韓國陶瓷史。筆者曾把相關研究心得撰文介紹，分別是：「初談越窯青瓷在高麗康津地區的生根和開花」〔註1〕、「略談越窯青瓷在朝鮮半島內的生根和演變」，〔註2〕今仍以『朝鮮白瓷』為博士論文，嘗試古代陶瓷的發展和演變。

　　朝鮮朝，設立第一座官窯（中央分院）於京畿道廣州；文獻檔案可察此時候廣州地區官窯數至少有一百八十五處，其後增加至二百八十五處，〔註3〕

〔註1〕 成耆仁，〈初探越窯青瓷在高麗康津地區的生根與開花〉，《千峰翠色——越窯特展》，（台北，財團法人年喜文教基金會，民國85年2月），頁101～118。

〔註2〕 成耆仁，〈略談越窯青瓷在朝鮮半島內的生根和演變〉，《歷史文物》雙月刊第六卷第1期，（台北，國立歷史博物館，民國85年2月），頁22～31。

〔註3〕 尹龍二，〈朝鮮初期陶磁的樣相〉，《朝鮮白磁窯址發掘調查報告展》，（漢城，梨花女子大學校博物館，1993），頁2～77。

這些廣州一帶的主官窯與衛星官窯帶動白瓷的生產(衛星官窯作品致力仿效主官窯產品)。廣州牛山里、樊川里等主官窯產品分別有上等品和下等品,如:牛山里生產白瓷品質精緻,進貢供宮廷使用,也有向中國進貢;樊川里、仙洞里等窯燒製白瓷則主要供親王、高官使用。

　　本文為便於朝鮮廣州官窯白瓷、青花瓷與中國景德鎮白瓷、青花瓷做比較研究,論述範圍僅限於白瓷和青花瓷。中國明代在景德鎮設立官窯廠(西元1392年),朝鮮則在西元1467～1469年間在離王都不遠之京畿道廣州設立第一座官窯且生產瓷器。筆者自感以此二者為對象做比較研究是相當有意義之事。陶瓷研究方法與範圍相當多,器型、紋飾、胎土和釉以至於窯口的研究等,民國六十年代開始大陸學者周仁等人注意陶瓷之科學分析,企圖藉以科學分析了解當時的工藝技術以便補文獻之不足。韓國鄭良謨對陶瓷研究注重胎土和釉、器型、形式和紋飾、足的處理和燒窯法等,筆者在本文的研究上多利用文獻資料,尤其《朝鮮王朝實錄》記載為重點研究,配合窯址出土物,藉以了解白瓷在朝鮮朝使用上的演變及相關問題。論文內容如目錄所示。

第一章　韓國瓷器之發生

第一節　高麗青瓷

一、高麗以前的陶器

　　韓國五六千年以前新石器時代早已出現土器，經長時間演進，原三國新羅人所燒灰陶與紅陶質硬、器壁薄，在攝氏一千度以上高溫燒製，器型以透孔壺、長頸壺、罐、高足杯和碗盤爲大宗，人俑、各種模型亦不少。

　　三國（高句麗、百濟、新羅）時國家體制堅固，與大陸文化接觸結果，接受中國、西域文化且隨佛教文化而間接接觸的古希臘、羅馬文化因素成爲刺激作用。自七世紀至八世紀末以前社會多變，由新羅一統三國，強化王權、置五京，由中央派貴族治理，故以慶州爲中心的貴族佛教文化逐漸散到地方。〔註1〕此時與唐朝學術與文化方面交換頻繁，新羅仕人崔致遠以及多數高僧至長安留學，〔註2〕學習唐制度、文化、思想、藝術等，且與唐朝建立朝貢關係。

　　統一新羅時代佛教和火葬盛行，火葬之俗帶動骨灰罐需求量的增加。伴隨慶州朝陽洞出土一件唐三彩三足罐，而出土的一件新羅製骨灰罐製作精，自石棺內出土。依新羅葬俗石棺限於王陵或最高人士使用。〔註3〕統一新羅陶器除了骨灰罐，高足杯、有蓋盒、瓶（長頸瓶、寬口瓶、扁瓶等）、瓦塼爲主

〔註1〕國立中央博物館，《國立中央博物館》，（漢城，國立中央博物館，1986 年 10月再版），頁 91〜93。

〔註2〕李基白，《韓國史新論》，（漢城，一潮閣，1967 年），頁 100。

〔註3〕鄭吉子，〈高麗時代火葬考察〉，《釜山史學會》第七輯，（釜山，1983 年 3 月），頁 55。

流，施印花紋成爲時尙；蓮瓣紋，實相花紋、珠紋、葡萄紋、唐草紋、吉祥紋以及各種幾何紋呈現流行時潮。此時出現鉛釉彩陶、增添了統一新羅陶器的光采，施有佛教人物像塼亦受到極高藝術評價。

二、高麗青瓷之起源

長久以來，韓國青瓷之「發生說」似乎共存二種：一爲以崔淳雨爲首的「自然發生說」。〔註4〕崔氏視七世紀三國灰陶爲青瓷之萌芽，十世紀爲青瓷之初創期，此時接觸到陸路而來的中國六朝製瓷技術，十二世紀前半爲巔峯期，到了十三世紀元朝的入侵和政治、社會上的不安導致高麗青瓷由盛而衰，爲往後的「高麗象嵌青瓷和繪青瓷」的出現鋪路。另一說以鄭良謨爲代表，〔註5〕根據康津窯口的調查了解，高麗青瓷的發生很可能直接受到浙江越窯陶工遷移來到康津技術指導的影響。

（一）崔淳雨說

高麗青瓷的萌芽於七世紀，十世紀初期爲青瓷初創期，以新羅灰釉陶爲代表。十一世紀起出現施釉均勻、全面施釉並脫離「綠青瓷」階段的支燒初期青瓷水準相當良好，遼代紀年墓（西元 1031 年）發現高麗青瓷片爲此時青瓷技術的寫照。十二世紀初高麗青瓷仍殘存北宋越窯風格，品質達到巔峰、釉呈透明綠，呈現出還原焰燒造技術的高明。十三世紀元室的侵犯以及政治不安，導致高麗青瓷在量和質方面的衰微，爲往後的鑲嵌青瓷和鐵繪青瓷的出現鋪路。

十世紀初高麗與吳越國交往頻繁，杭州灣一帶越窯還原焰燒技術進入康津一帶而迅速發展。早期經由山東半島，逐漸拓展到黃海岸與內陸地區的北方系青瓷與新進越窯技術接觸後，十二世紀時高麗青瓷釉色達到越窯般的翠色、器形呈高麗化、足底整齊，使用匣缽燒，也見耐火粒支燒。

（二）鄭良謨說

長時間的窯址調查得知，九～十世紀高麗青瓷仍停留在初步青瓷階段的「綠青瓷」，〔註6〕施耐火粒或泥餅支燒爲特徵，碗內碗外留有大的支燒痕，

〔註4〕崔淳雨，〈高麗陶磁的編年〉，《青磁》，（漢城，中央日報社，1981年），頁195～200。

〔註5〕鄭良謨，〈高麗青磁的窯址與出土品〉，《青磁》，（漢城，中央日報社，1981年），頁212～219。

〔註6〕尹龍二，《莞島海底遺物》，（漢城，文化管理局，1985年），頁45～73。

疊燒。十一世紀青瓷胎土細、釉和胎土接合好，不易脫釉，耐火粒支燒，器形仍殘留五代北宋形制。十一世紀末十二世紀初所燒高麗青瓷以康津大口面窯為例，器壁較薄、器種和造型多樣化，翠色美麗的青瓷是到了十二世紀前半至中葉出現，無論在製作技術、胎土、釉色、器形和紋飾方面均呈現出登峰造極的地步，十二世紀中葉以後則為高麗鑲嵌青瓷的黃金時期。

　　鄭良謨指高麗青瓷是否直接受到浙江越窯製瓷技術，無文獻記載，但考量當時交往情形以及地理位置之便（康津位於浙江對岸），似乎可以相信越窯技術的直接影響。依林士民研究，新羅海上貿易商 —— 徐州節度使將軍出身的張保皋，在此時往返明州（寧波）與朝鮮西海岸之間從事貿易，九世紀末曾多次被派遣至吳越通商，隨之察覺到越窯之商品性，而後自明州帶回陶工；〔註7〕至朝鮮境內，由此越窯技術在西海岸康津地區落地、生根。

　　這一點三上次男亦有相同看法，以康津窯所使用窯具和上虞越窯窯具完全相同；〔註8〕為理由說明。康津窯址發掘一件青瓷「鸚鵡紋」碗；〔註9〕的紋飾技法、形狀以及釉色與越窯青瓷鸚鵡紋器物酷似，但不完全相同。筆者認為越窯與高麗青瓷之間的關係恰似於「龍泉窯與郊壇下官窯」之間的關係；即，當宋室南遷時北方陶工移居到江南設窯注意到南方燃料之不同於北方，故發揮自己的技術和經驗，南北陶工互相努力及交往之下與江南的龍泉陶工一同作業，結果龍泉窯內滲有郊壇下官窯風格，郊壇下官窯裏也有龍泉的作

　　俗稱「綠青瓷」的粗質青瓷，昔日認為是瓷器尚未出現，土器邁向過渡期的作品（崔淳雨，《高麗青磁陶窯址》，（漢城，韓國精神文化研究院，1982年，頁6））。最近尹龍二對此發表不同意見而得到正面回響。尹氏認為使用綠青瓷的階層不同於使用良質青瓷的上流階層人。由此可見綠青瓷的出現時期為過渡期之外，更重要是似乎為了滿足市井小民和地方民眾的需求而大量生產。西元1984年在韓國西南岸海「莞島」（位置近於新安）一艘沉船內，發現高麗初期燒製三萬多件綠青瓷碗、盤等日用器皿為最好實證。

〔註7〕 林士民，〈北洋航路拓展與朝鮮半島製瓷文化的交流〉，《浙東文化論叢》，（北京，中央編譯出版社，1995年3月），頁190。

〔註8〕 三上次男，〈高麗磁器の起源とその歷史的背景〉，《朝鮮學報》九十九輯，（日本九州，1987年，7月），頁38～47。
　　三上次男指M式匣缽在浙江上虞、鄞縣二地二百三十多處窯口使用外，其他華北諸窯則未曾使用過。上虞與鄞縣離明州不遠，因而江南的青瓷技術和陶工由明州渡海入朝鮮半島西海岸的康津一帶落地而生根。

〔註9〕 （一）野守健，《高麗陶磁の研究》，（東京，清閑舍，1944年），頁182（圖一四二）。
　　（二）崔淳雨，前引書，頁62（圖片三六）。

風，〔註10〕故此二者無論在作品之形制或風格上相互很像卻不完全像。

　　高麗青瓷在釉色、窯具方面受到越窯青瓷影響深遠之外，尚有北方系的磁州窯、臨汝窯、耀州窯、定窯以及南方長沙窯的足跡，如：高麗青瓷足底拭去釉後用支釘或支圈燒法見於越窯、耀州窯、臨汝窯、定窯、磁州窯之燒法，汝窯瓷器之足底淺挖法、磁州窯的施化妝土法、定窯的器形（徐兢在《高麗圖經》器皿三陶尊記，「高麗瓷器皆竊仿定器……」）以及越窯的玉璧足等技法都對高麗青瓷帶來巨大的影響。「玉璧足」青瓷，是唐代越窯青瓷的特徵，足底部中央挖成淺足，足底面很寬。學者對其年代持有一致看法，因而做為編年的標本，受到重視。「玉璧足」越窯碗出現年代大約為八世紀晚期，盛行於九世紀，至十世紀前半以後則似乎不再流行，由「高圈足」代而興起。高麗青瓷窯址的調查發現京畿道龍仁郡二東面窯、〔註11〕全北鎮安郡道通里窯、全北高昌郡窯、雅山郡窯、〔註12〕全北保安郡柳川里窯、全南康津郡大口面窯；〔註13〕等都曾燒製玉璧碗、盤，燒窯年代大約為十至十二世紀。高麗境內發現越窯玉璧足碗、盤數量相當多。〔註14〕高麗青瓷，到了十二世紀逐漸脫離宋瓷的形式而趨向於高麗化。宋徽宗使臣徐兢（西元1123年）來到高麗朝親眼看見高麗青瓷時，讚美云：

　　　陶瓷色之青者，麗人謂之翡色。近年以來，製作工巧，色澤尤佳。（中
　　　略）狻猊出香亦翡色也，上為蹲獸，下有仰蓮以承之，諸器惟此物
　　　最精絕。〔註15〕

南宋《袖中錦》一書，在「天下第一」條文內高麗青瓷與北宋定窯白瓷同被列入為天下第一：

〔註10〕阮平爾，〈南宋官窯工藝承嗣三題〉，《中國古代青瓷專輯》，（江西，江西文物，1991年4月），頁52。

〔註11〕尹龍二，〈初期青磁窯址的分布與特色〉，《韓國青磁發生的若干問題點》（第一屆東恒紀念學術大會發表要旨），（漢城，韓國考古美術研究所，1991年12月），頁39～45。

〔註12〕鄭明鎬、尹龍二，《高敞雅山水霸水沒地區發掘調查報告書》，（韓國，圓光大學馬白研究所，1985年），頁272。

〔註13〕崔淳雨，《韓國青磁陶窯址》──調查研究報告書八二之二，（漢城，韓國精神文化研究所，1982年），頁119～176。

〔註14〕成耆仁，〈略談越窯青瓷在朝鮮半島生根和演變〉，《歷史文物》雙月刊第六卷第1期，（台北，國立歷史博物館，民國85年2月），頁22～24。

〔註15〕徐兢，《宣和奉使高麗圖經》卷三二，器皿三陶尊、陶爐，（台北，台灣商務印書館，民國60年10月臺一版）。

監書内酒、端硯、洛陽花、建州茶、蜀錦、定磁、浙漆、吳紙、晉
銅、西馬、東絹、契丹革、夏國劍、高麗祕色、興化軍子魚、福州
荔眼、溫州掛、臨江黃雀、江陰縣河豚（中略），皆爲天下第一，他
處雖效之終不及。〔註16〕

不誇張，以寫實筆法自自然然地描繪的動物、植物紋飾及取自自然界的動、
植物之形或仿作的各種高麗青瓷小型器物，反映了愛好和平、自然的高麗人
審美觀。高麗青瓷紋飾技法除了以筆描繪之外，尚有刻花、印花、透雕、象
嵌（鑲嵌）等，應有盡有，特別是十二世紀中葉至十三世紀前半出現「象嵌
青瓷」製作精緻，成熟的象嵌青瓷被認爲麗人的獨創，但是隨象嵌青瓷技法
的盛行而忽略了釉色，原透明翡色之釉逐漸呈現半透明或不透明狀，火焰似
乎也掌握不住，翠綠色變爲黃或黃褐色，胎土又回到厚、多氣孔，支燒痕粗
糙，紋飾更是變得以簡單印花替代或草草幾筆，顯示燦爛一時的高麗青瓷不
復，爲往後的朝鮮「粉青」瓷器另開啓前路。

第二節　朝鮮白瓷之起源

一、日人學說

研究韓國陶瓷史的日籍學者頗多，早期有野守健、奧平武彥、淺川伯教、
小山富士夫等人和最近三上次男、長谷部樂爾等人，皆對朝鮮白瓷之發生表
示不同的意見。其中淺川伯教依窯址調查及研究，把朝鮮白瓷編年劃爲五
個階段：（一）初期以前期（太祖至定宗年間，西元 1393～1402 年）、（二）
初期（太宗至燕山君，西元 1401～1505 年）、（三）中期（燕山君至孝宗，西
元 1495～1650 年）、（四）後期（孝宗至哲宗，西元 1650～1850 年）、（五）
末期（哲宗以後，西元 1850 年以後）。奧平武彥根據陶器窯址和瓷器窯址的
興亡爲分段的範例，分爲前、後二段，又各細分三期，如：（一）前段（（1）
一期：陶器窯址和瓷器窯址的創設期，西元 1392～1463 年，（2）二期：粉青
與青花瓷時期，西元 1464～1598，（3）三期：衰退期，西元 1599～1717 年）
（二）後段（（1）廣州分院時期，西元 1718～1751 年，（2）中期，西元 1752

〔註16〕太平老人，《袖中錦》，《叢書集成新編》八十七冊文學類，（台北，新文豐出
版公司，民國 74 年），頁 259。

～1883 年，（3）三期：分院的遷移以及演變爲民窯時期，西元 1883 年以後）。

　　三上次男對朝鮮白瓷的編年與前二人有所不同，主張白瓷和青瓷的出現爲同時期～十世紀前半，〔註17〕朝鮮設立的第一個官窯「京畿道廣州道馬里窯」就是最早燒製白瓷的窯址。三上次男指該窯在考古發掘時白瓷和青瓷一同出土。這是值得深入研究之問題。

　　長谷部樂爾引用野守健的論點，稱十二世紀高麗時代已經燒製異於中國白瓷的白瓷，如：京畿道開豐郡宮女洞墓發掘「承安三年銘白瓷水注」系高麗白瓷。〔註18〕長谷部又說，高麗睿宗、仁宗年間（西元 1106～1146 年）燒製器型類似北宋定窯之白瓷，它的釉色卻與定窯相異，至明宗、神宗廟（西元 1171～1204 年）〔註19〕之後式微，幾乎呈消失狀態。

二、韓國學者之說

　　最早關心高麗瓷器的韓國學者以高裕燮爲代表，近年研究者有崔淳雨、鄭良謨、姜敬淑、尹龍二、權丙卓、金英媛等人，有些人把韓國陶瓷編年大致分爲前期和後期，也有人較細分爲五段，而大多數人接納鄭良謨的編年法。

　　鄭良謨對朝鮮白瓷的編年將分爲三段：首先，在金剛山出土西元 1391 年銘五件硬質白瓷歸納爲朝鮮白瓷的先驅，鄭良謨認爲該五件硬胎白瓷釉色泛青，與朝鮮燒製白瓷有所不同。太祖至世宗年間（西元 1392～1450 年）爲完成硬質白瓷階段，自世祖至仁祖年間（西元 1456～1649 年）燒製青花瓷。孝宗至英祖年間（西元 1650～1751 年）爲中期，英祖至高宗（西元 1752～1906 年）則爲後期。長期燒製良質白瓷供宮廷使用的廣州官窯，在後期的約一百五十年時間裡，逐漸演變爲民窯，〔註20〕產品僅供一般使用。

　　金英媛的白瓷編年法，以出土紀年瓷器和文獻記載爲基礎，分爲官窯設立以前和設立以後二大段：（一）設立以前時期再細分爲太祖至太宗年間（西元 1392～1417），太宗十七年至世宗年間（西元 1417～1450 年），（二）設立

〔註17〕三上次男，《日本、朝鮮陶磁史研究》，（日本，中央公論美術出版，昭和六〇年），頁 285～286。

〔註18〕長谷部樂爾，〈高麗白瓷〉，《陶器講座八朝鮮（一）》，（日本，雄山閣，昭和四十六年），頁 246～249。

〔註19〕同註 18，頁 256～257。

〔註20〕鄭良謨，〈朝鮮白磁的變遷〉，《朝鮮白磁展》（一），（漢城，三星文化美術財團，1983 年 9 月），頁 55～57。

以後時期再細分爲睿宗至中宗年間（西元 1469～1544 年），仁宗至宣祖二十
五年間（西元 1545～1592 年）。自西元 1700 年代起青花瓷的需求量大增，新
品種的釉裏紅瓷也開始燒製，據統計自西元 1752 年至西元 1920 年約二百年
期間生產的白瓷數量達到高峰。〔註21〕

　　姜敬淑編年法，依粉青沙器、象嵌白瓷、鐵繪瓷的興衰和發展爲觀察對
象，而大致分爲四段，〔註22〕（一）初期（西元 1392～1600 年），（二）中期
（西元 1600～1751 年），（三）後期（西元 1752～1883 年），（四）末期（西
元 1884～1945 年）。

　　以上多位對白瓷編年，大致認爲西元 1392 年代爲初期，自西元 1750 年
代以後爲後期，詳如（表一）。

　　高麗與中國保持密切關係，雙方貿易及交往的起伏，對高麗製瓷的影響
不淺；依《高麗史》記載，十一世紀至十二世紀約二百六十年間前往高麗的
宋船有一百二十次之多，〔註23〕入元以後則大爲減少，永樂帝致力建立朝貢
體制，明與朝鮮之間又恢復頻繁的交往，由此刺激並帶動朝鮮白瓷手工業。

〔註21〕 金英媛，《朝鮮前期白磁之研究》，（漢城，學研文化社，1995），頁 25～28。
〔註22〕 姜敬淑，《粉青沙器的研究》，（漢城，梨花女子大學校博士學位論文，1985），
　　　　頁 111～140。
〔註23〕 宋晞，〈宋商在麗宋貿易中的貢獻〉，《史學彙刊》第 8 期，（台北，民國 66 年
　　　　8 月），頁 86。

第二章　朝鮮廣州官窯與中國景德鎮御窯之比較

第一節　廣州官窯設立以前的進貢陶瓷

一、高麗社會與陶瓷文化

　　高麗太祖王建〔西元 918～943 年〕極力強化王權，建立文人貴族社會，以科舉取才治理天下。高麗與兩宋之關係頻繁，宋朝重文輕武國策直接影響高麗；在政治上儒家思想爲主流，宗教方面承襲統一新羅以來華麗莊嚴的佛教文化，宋代製瓷技術也深深地影響高麗文化。

　　政治上高麗在強敵遼、夏、金之壓境之下，對兩宋採取不穩定、不積極態度。元豐以前，高麗與中國之間沒有官方貿易，元祐年間蘇軾奏：「不許發舶高麗，違者徙二年，沒入財貨充實」〔註1〕此時雖有禁令，不顧禁令而前往高麗經商者始終無法阻止，如《宋史食貨志》載：「先是禁人私販，然不能絕。」〔註2〕

　　後來由蒙古人入住中原，對高麗不善，且實行各種打壓政策甚至開啓戰端，高麗國元氣大傷，加以年年對元廷供奉歲幣，各種名目的貢物和變相的種種賦役，給予高麗王室和人民十分嚴重的壓力和負擔。在這種內亂外患的時期，高麗所燒瓷器質地粗糙，造形和裝飾紋飾出現簡化、粗略化現象。昔

〔註 1〕　《蘇東坡全集》卷四一，（台北，新興書局，民國 44 年），頁 73～74。
〔註 2〕　脫脫，《宋史》（上）卷一五四，（台北，開明書局），頁 4947。

日宋使徐兢所讚美的「如玉如冰」般青瓷不復得見，由新品種——粉青沙器適時而出，替代人們對高麗青瓷的懷念。但「粉青沙器」紋飾豪爽、質地粗糙，異於進貢瓷器的精緻和工巧，不適合以進貢，而新興的硬質白瓷逐漸替代從前的御用青瓷。

二、官窯設立以前的管理與陶政

高麗在十二世紀以前設立「所」；「所」內所生產手工藝品中遴選精品以「地方特產」名目納貢。

「所」，設在各道或地區內，《東國輿地勝覽》京畿道驪州牧古跡條記載，當時共有十五個所生產特產手工藝品：

> 高麗時，又有稱「所」者，有金所、銀所、銅所、鐵所、絲所、紬所、紙所、瓦所、炭所、鹽所、墨所、藿所、瓷器所、御梁所、薑所之別，而各供其物。又有稱處者，又有稱莊者，分隸于各宮殿寺院及內莊宅，以輸其稅。右諸所皆有土姓吏民焉。金富軾撰三國史地理志，不復具錄，而鄭麟趾撰高麗史，亦因之。今既著姓氏，則其姓氏所本之地，不可不載。〔註3〕

專門研究高麗時代「所」的日本學者北村秀人，認爲「所」的存在是爲特定階層人製作特殊手工藝品，〔註4〕對此韓籍專家權丙卓卻表示不同看法：「所」產品有二種，一爲「絕藝品」是供王室和官方使用者；另一種則爲一般商品，〔註5〕質地較粗糙。徐兢在《高麗圖經》載：「高麗工技至巧，其絕藝悉歸於公，如幞頭所、將作監，乃其所也。」〔註6〕北村秀人所謂：爲特定階層人製作……云，可能依《高麗圖經》載「……其絕藝者，悉歸於公……」之誤解。

管理上，由司甕派遣官員到「瓷器所」（指瓷器窯址）監督燒製「內用」瓷器，約一年一次，數量大致有「八九十牛」：

〔註3〕 李荇等人，《新東國輿地勝覽》卷七，驪州牧古跡條，（東京，國會刊行會，昭和六十一年二月），頁225。

〔註4〕 北村秀人，〈高麗時代の「所」制度について〉，九州，《朝鮮學報》第五十輯，（1969年），頁6。

〔註5〕 權丙卓，〈高麗後期陶磁器所的經營形態〉，《傳統陶磁的生產與需要》，（韓國大邱，嶺南大學校民族文化研究所，1979），頁84。

〔註6〕 徐兢，《宣和奉使高麗圖經》卷一九工技條，（台北，臺灣商務印書館，民國60年10月臺一版），頁68。

司饔每年遣人於各道，監造内用瓷器，一年爲次，憑公營私，侵漁
萬端，而一道馱載至八九十牛，所過騷然，及至京都進獻者百分之
一，餘皆私之，弊莫甚焉。〔註7〕

當高麗宮廷需要瓷器，司饔院隨時派員至窯廠監燒。「司饔院」負責監燒内用
瓷器以及内用瓷器之管理、保管和御膳、闕内供饋事宜。文獻載政府官員貪
財，把絕大多數進貢物不但不照數納公，還留做己有，朝廷得知後欲革新積
年之弊，冊盡各種辦法，但始終未聞有所改革或成效，反而變本加利對「所
民」（實際參與所内生產工作者）帶來施壓和加重的賦役，迫使所民不得不避
開煩重的徭役而逃亡，因而造成小所民逃亡群，如：睿宗三年（西元 1108 年）
二月條：

京畿州縣常貢外徭役煩重，百姓苦之，日漸逃流，主管所司下問界
首官，其貢役多少，酌定施行。銅、鐵、瓷器、紙、墨、雜所別貢
物色，徵求過極，匠人艱苦而逃避。仰所司以其各所，別常貢物多
少，酌定奏裁。〔註8〕

高麗的常貢與別貢有區別，如：隨時由司饔院派員至瓷器所，監燒王室用瓷
器謂之別貢，朝鮮初仍沿用高麗別貢制有一段時間。司饔院爲維護該院所管
理、保管的瓷器水準，以及避免宮廷用瓷之流出宮外，下令在器物底部或某
些部位書寫銘文，以示與一般瓷器區別；銘文内容有「干支」、「御件」或也
有「長興庫」等官司銘。〔註9〕

　　高麗後期之瓷器所在經營上已不屬於國營或官營，而是「所營」。由所吏

〔註7〕韓國學古典叢書《高麗史節要》卷三四至三八，恭讓王一年二月條，（漢城，
　　　亞細亞文化社刊行，1972 年），頁 863。
〔註8〕（一）鄭鄰趾等人，《高麗史》卷七八，志三二食貨一貢賦條，（漢城，延世
　　　大學校東方研究所印，1968 年）。
　　　（二）東亞大學校古典研究室編，《譯註高麗史》卷七（志三），（韓國，東亞
　　　大學校出版社，1971 年），頁 355。
〔註9〕《朝鮮王朝實錄》二，《太宗實錄》卷三三，太宗十七年一月丙子條：戶曹，
　　　上器皿除弊事宜，啓曰：據長興庫呈，外貢砂木器，以司饔房納施行。而庫
　　　專掌捧納、内宴及行幸，時分納於司饔房司膳署司所，故未得終始考察，或
　　　匿或破，還納之數僅至五分之一，徵於逢受下典，實爲積年巨弊，願自今庫
　　　納砂木器外貢元數内。司饔房、司膳署、禮賓典祀内資、内瞻寺、恭安敬承
　　　府等各司，分定上納，各其司考察出納，以草積弊。戶曹又啓，長興庫貢案
　　　付砂木器，今後刻長興庫三字，其他各司所納，亦依長興庫例，各刻司號，
　　　造作上納。上項有標器皿私藏現露者，以盜官物坐罪，以絕巨弊，皆從之。

實際負責經營「所」。「所」最高負責人——所吏負責經營兼監督生產，對外則負納貢以及接待由司甕院派遣前來所的官員之責。所內的分工相當細，各部門都擁有多數的熟練工，如：採土工、拉坯工、上釉工、掌火工、畫工……等，所吏和所民共同致力經營所，所的經營形態至朝鮮仍沿用。以高麗後期的康津郡大口面窯址為例，康津郡內戶口數有三百五十五戶，人口一千六百四十四人，瓷器所內所民數僅有十戶，人口四十六人，這個數字與朝鮮後期廣州官窯工匠數五百二十一人相比，顯出相當大的差距。〔註10〕

第二節　廣州官窯設立時間與背景沿革

一、廣州官窯的設立時期與設立背景

（一）設立時期

　　分院（中央官窯）的設置時期看法不一；尹龍二的世祖年間說（西元1456～1468年），鄭良謨的世祖年以前說（西元1467年以前），金英媛、權丙卓的司甕院更名年說（西元1467～1468年）等多種。其中，金英媛、權丙卓二人的論點建立在西元1450年代所完成的《世宗實錄地理志》和西元1469年所完成的《慶尚道續撰地理志》載〈上品瓷器所〉（燒製精品的瓷窯址）的減少和〈下品瓷器所〉的增加趨勢，〔註11〕（表二）為依據，主張此時已經設立廣州官窯並生產王室用瓷器，從此不再需要地方特產瓷器貢物。金、權二人認為《世宗實錄地理志》和《慶尚道續撰地理志》所載上品瓷器之減少原因由此可以成立。

表二：朝鮮瓷器所（瓷器窯址）增減趨勢表

	《世宗實錄地理志》慶尚道條	《慶尚道續選地理志》
上品瓷器	三	零
中品瓷器	八	八
下品瓷器	二十七	二十一
計	三十八	二十九

（單位：瓷器所）

　　表所示「瓷器窯址的增減趨勢表」與文獻事實相符；依文獻，西元1440

〔註10〕淺川巧，《朝鮮陶磁名考》，（東京，清閑舍，1931年），頁142。
〔註11〕權丙卓，前引書，頁187。

年代慶尙道高靈縣所燒白瓷胎和釉皆白，非常精製，比同年代廣州燒製白瓷還精良，〔註12〕因而成爲進貢品。但時間過三十多載後的睿宗年間（西元1469年），三處地方性「上品瓷器所」停止生產高級瓷器，由此推想睿宗年間在廣州已設立中央官窯，專爲王室燒製「內用」瓷器，因而高靈瓷器所不復燒上品瓷器。《經國大典》工典條載「司甕院」名稱演變相關記載；《經國大典》工典條約在西元1466年至1469年間修改完成，原司甕房名修改工條後更名爲「司甕院」，並新設「祿官」於院內。院內置瓷器工達三百八十人，〔註13〕換句話說，西元1466至1469年間近四百人瓷器工投入廣州官窯，生產「內用」瓷器。

　　根據上述理由，金英媛、權丙卓二人視分院設置年代爲西元1467至1468年間。

（二）設立背景

　　高麗初（十世紀初）全國設有十五個「所」生產地域性手工藝品，其中全南康津大口所與七良所，負責生產「內用」瓷器。所內瓷器工──所民，爲應付常貢以及各種名目下的別貢，背負相當大的壓力，至後期逐漸出現所民的逃亡群，朝廷爲有效的防止瓷器工的群逃，實施各種相關對策，但自始至終無法阻止逃亡潮，爲此朝廷傷透了腦筋。

　　世宗十四年（西元1432年）完成的《新撰八道地理志》爲範本，西元1454年出刊的《世宗實錄地理志》記載高麗末、朝鮮初全國瓷器所有一三九所、陶器所一八五所分別生產陶瓷，〔註14〕（表三）其中約三分之二以上瓷器窯址生產粗糙的日用器皿，生產精緻「上品」的瓷器所則僅有四所，〔註15〕這種現

〔註12〕 《朝鮮王朝實錄》五，《世宗實錄》四，卷一百四十八地理志所載商品瓷器所共有四處，包括廣州牧和慶尙道高靈縣，而廣州白瓷品質相當高，早在西元1425年代明仁宗和使臣曾向朝鮮索求白瓷。至西元1440年代，高靈白瓷品質後來居上，超越了廣州白瓷而成爲進貢品供王室、官府使用。

〔註13〕 （一）《朝鮮王朝實錄》八，《世祖實錄》卷四二，世祖十三年四月丁亥條。
　　　　（二）崔淳雨，〈成化三年銘司甕院銅印〉，《考古美術》（下卷）通卷八十二號，（漢城、韓國美術史學會，1972年12月），頁297、298。云：世宗十三年（西元1463年）原司寶房更名爲司甕院且置祿官。

〔註14〕 （一）金英媛，《朝鮮前期陶磁之研究》，（漢城，學研文化社，1995），頁61。
　　　　（二）權丙卓，前引書，頁183～190。

〔註15〕 （一）同註12。
　　　　（二）《世界陶磁全集》第十四卷，李朝，（日本東京，河出書房，昭和三一年），頁225～230圖表。

象顯示一般人對陶瓷器需求量日益增加。然而如此快速成長的陶瓷器需求量，是與太宗年間頒布的「金銀器皿禁用令」有直接而密切關係。《太宗實錄》卷十三，太宗七年一月甲戌條：「金銀器皿，除內用國用之外，下令中外一切禁止，國中皆用沙漆器⋯⋯。」《太祖實錄》、《太宗實錄》、《世宗實錄》、《世祖實錄》等《朝鮮王朝實錄》多處記載「禁用金銀」字句（表四）。禁用金銀器是因為國內不產金銀資源緣故。朝鮮初，不顧國內不產金銀，每年仍向明朝廷進貢金銀，成為沈重的負擔，由此朝鮮曾多次向明朝廷進言，並敘述本國不產金銀，希望明朝廷同意免除歲幣中的「金銀項目」。《明史》列傳外國條也屢見朝鮮向明朝聲請「免貢金銀」字句（表四），但似乎沒有被允許，如：「禮儀判書金進宜貢馬二千匹，且言：金非地所產，願以馬代輸。」〔註16〕

此時朝鮮向明朝進貢的物品項目大約有：「⋯⋯當依前王言，歲貢馬千匹，明年貢金百斤、銀萬兩、良馬百、細布萬。」（《明史》列傳、外國一朝鮮條）

高麗末青瓷式微而粉青沙器盛產，需求量亦短暫性的增加。當世宗十一年下令以白瓷替代奢侈、高價位的金銀器之後，〔註17〕正當頭的粉青沙器被新興白瓷的潮流吸收而不復燒製，白瓷的黃金時代由此展開。此時白瓷的形制追求中國白瓷之趨向。世宗年間（西元 1418～1450）出刊《世宗實錄五禮儀篇》，書內解說和圖版皆倣效中國。同二十九年（西元 1447 年）世宗下令「文昭、輝德殿」所用祭祀器改用白瓷，從此以白瓷替代昔日的金銀器。後世的世祖（西元 1456～1468 年）、成宗（西元 1470～1494 年）亦沿用世宗朝所定制度，以白瓷為國家祭祀器。由此見王室對良質（上品）白瓷的需求量十分龐大，王室為充分掌握貨源，在王都不遠、自然條件皆佳的地點設立「官窯」——那就是京畿道廣州分院——官窯。自朝鮮王朝建國初起實行中央集權，王權逐漸強化，貢品管理相關法規亦逐漸制度化，此時設立官窯不僅把握貨源和品質，同時也可以避免地方特產貢品運往宮廷途中可能發生的種種危險和弊端。

朝鮮王國（西元 1393～1910 年）建立以來與明朝互換使臣，經貿交往亦

（三）金英媛，前引書，頁 39。

〔註16〕《明史》列傳，外國一，朝鮮朝，（台北，開明書店鑄版），頁 816。

〔註17〕《朝鮮王朝實錄》三，《世宗實錄》卷六二，世宗十五年十一月癸丑條。⋯⋯予於器皿皆用磁漆。

頻繁,朝鮮白瓷與明朝白瓷的互贈記載也不乏實例,如:世宗七年(西元 1425 年)明洪武帝派遣使臣前來朝鮮向朝鮮索求瓷器,《世宗實錄》卷二七世宗七年二月乙卯條:

> 右副代言金趎問安于使臣尹鳳,曰:造紙方文及沙器進獻,有聖旨。
> 趎問曰:沙器數幾何許?鳳曰:數則無聖旨,然吾心以謂十卓所用。
> 每卓大中小椀各一,大中小楪兒各五,及大中小獐本十事可也。且
> 曰:勒書不載,而如此請之者,予本無私藏,將用之何處乎?金趎
> 將此言以啓,即傳旨于全羅道監司。全州紙匠,給驛上送,傳旨廣
> 州牧使,進獻大中小白磁獐本十事,精細燔造以進,遣內官李貴饋
> 別膳于使臣。〔註18〕

明朝白瓷的形制常被朝鮮瓷工倣效,尤其朝鮮世宗年間由明朝賜給朝鮮王室的青花瓷,掀起朝鮮王室愛用青花瓷之風潮。如,《世宗實錄》記:

> 上率王世子及百官,迎勒于慕華樓,至景福宮,行禮如儀。勒曰:
> 今賜王白素磁器十卓、白磁青花大盤五箇、小盤五箇,至可領也。(《世
> 宗實錄》卷四,世宗十年七月己巳條。)
>
> 李相進(中略)暗花鐘四事。(同卷四六,世宗十一年十一月甲辰條。)
>
> 青花獅子白磁卓器三卓,青花雲龍白磁酒海三箇。(同卷四九,世宗
> 十二年七月乙卯條。)

類似上述記載在《世宗實錄》和《世祖實錄》內相當多。記載中的明朝賜品「青花暗花器物」和「青花雲龍紋器物」尤其珍貴。《景德鎮陶錄》載,宣德年製施有暗花龍鳳紋者爲最,雲龍紋亦相當好(《景德鎮陶錄》卷五,景德鎮歷代窯考條),由此可見明朝賜品相當佳,受到朝鮮王室的喜愛。

　　總之,朝鮮王室實施中央集權、強化王權。內用器皿逐漸以白瓷替代金銀器,至世宗朝更是白瓷成爲內用和祭祀大典器皿,一方面反映明朝盛行白瓷的趨勢,也可以降低使用金銀器所造成的奢侈之風。此時候一般百姓以陶器、粗質瓷器和漆器爲日用器。確保數量龐大的內用、國用白瓷器皿和維持品質成爲當務之急,爲此朝廷除了把相關法規制度化之外,同時也在廣州設立官窯。《世宗實錄地理志》所載四處商品瓷器所製品中,廣州白瓷品質最佳,高靈白瓷亦不示弱(見表三)。成俔《傭齋叢話》卷一〇載:

〔註18〕《朝鮮王朝實錄》二,《世宗實錄》卷二七,世宗七年二月乙卯條。

人之所用，陶器最繁，今麻浦、露梁等處，皆以陶埴爲業。此皆瓦
器缸瓮之類，至如磁器，須用白土精緻燔造，然後可中於用。外方
各道，多有造之者，惟高靈所造最精，然不若廣州之尤爲精也。每
歲遣司甕、院官，分左右邊，各率書吏，從春至秋，監造而輸內于
御府。錄其功勞而等第之，優者賜物。世宗朝御器專用白磁，至世
祖朝雜用彩磁。〔註19〕

廣州牧商品瓷器所，天然資源豐沛、交通方便，加上，離王都不遠，故在眾
多商品瓷器所中特別被遴選，設立司甕分院（官窯）於此地，所燒精製白瓷
供王室內用（廣州官窯分爲主官窯和衛星官窯以便與地方民窯分別）。

二、官窯工匠的來源與陶政

（一）工匠的來源

　　朝鮮初期的寺奴、官奴、私賤和僧侶爲官匠的主要來源，官匠必需先行
註冊畢「匠籍」爾後始能學習，經過學徒期間後始能燒製瓷器。朝鮮初官窯
設立不久時，由於官匠工作日夜煩重，出現多數官匠的逃亡現象。官方爲力
保官匠人數，只好另雇良人，使良人學習燒製瓷器，以便填補官匠的逃亡而
引起的人手之不足。〔註20〕朝鮮初設官匠制度，其中官匠瓷器分別隸屬中央
政府或地方政府，每個官匠瓷器匠需製作「匠籍」一式四份，分別置於本曹、
本司、本道和本邑四處。私匠則不得匠籍，年滿六十始免除工匠役。〔註21〕

〔註19〕　成俔，〈傭齋叢話〉卷十，收錄於《大東野乘》卷二（古典國譯叢書四九），（漢
　　　　城，民族文化推進委員會，1982），頁 655～656。
〔註20〕　（一）《朝鮮王朝實錄》十一，《成宗實錄》卷二一三，成宗十九年二月丙午
　　　　條。
　　　　（二）姜萬吉，《朝鮮時代商工業史研究》，（漢城，朝吉社，1984），頁 15～
　　　　37。
〔註21〕　（一）崔恒等人，《經國大典》卷六工典，京工匠條，（漢城，韓國精神文化
　　　　研究院，1985 年），頁 489～501。
　　　　（二）田川孝三，東洋文庫論叢四七，《李朝貢納制の研究》，（東京，東洋文
　　　　庫，昭和三十九年），頁 16。：
　　　　田川依《朝鮮王朝實錄》、《經國大典》等記載，說明當時收取貢物細
　　　　目有：賦役（徭役）、進上、魚鹽稅、工匠稅、坐賈、公廊稅、行商路
　　　　引稅、孤島、草島釣魚倭船稅、奴婢身貢、才人、禾尺身貢、船稅、
　　　　家基稅（家代稅）、戶椿稅、神稅布（巫稅布）、烟戶米、戶布、果實
　　　　稅等。

官匠又分爲「京工匠」和「外工匠」，京工匠分工相當細，外工匠則較單純。隸屬於司饔院的京工匠沙器匠人數是所有官匠中最多，曾有三百八十六人的紀錄。匠籍設在本曹的京工匠類別大致有：綾羅匠、草笠匠、襦笠匠、紗帽匠、涼太匠、都多益匠、多繪匠、網巾匠、帽子匠、擣鍊匠、篩匠、玉匠、甕匠、咮匠、銀匠、金箔匠、裏皮匠、靴匠、鞋匠、熟皮匠、花兒匠、斜皮匠、毛衣匠、花匠、毡匠、入絲匠、毛冠匠、總金匠、漆匠、豆錫匠、磨造匠、弓弦匠、油漆匠、鑄匠、螺鈿匠、荷葉綠匠、生皮匠、鑰匠、褙貼匠、針匠、鏡匠、甲匠、風物匠、雕刻匠、墨匠、銅匠、弓人、矢人、刀子匠、錚匠、周皮匠、汗致匠、鞍籠匠、看多介匠、筆匠、竹匠、鞦骨匠、印匠、板匠、水鐵匠、冶匠、鍊匠、珠匠、䑽甫老匠、每絹匠、粉匠、香傁、鞍子匠、於赤匠、鮎匠、木梳匠、梳省匠、筒介匠、貼扇匠、表筒匠、阿膠匠、稱子匠、鼓匠、圓扇匠、邊筐匠、裁金匠、都目介匠、都目兒匠、熊皮匠、獤皮匠、火鑯匠、竹梳匠、環刀匠、針線匠、合絲匠、青染匠、紅染匠、洗踏匠、擣砧匠、鍊絲匠、紡織匠、草染匠、木纓匠。〔註22〕通常京工匠爲王室和中央政府燒製瓷器，外工匠所燒瓷器則大致供給地方官府和官吏使用。朝鮮初，司饔院京工匠人數大致保持三百八十六人左右，相比之下，同期分布在各地方的外工匠數則區區有九十九人；分別分布在全羅道三十八人、慶尚道三十三人、忠清道二十二人，京畿道六人，〔註23〕由此不難了解強勢中央集權朝鮮對官窯的重視。

又言，徭役與貢賦二者爲全然不同性質。貢物爲外方各官貢物，苟非土產，民皆以米穀，貿易上納，故非一物也，民眾爲此受苦。貢物以民戶負擔，額度則不定。
貢物大致有二種不同意義：一爲狹意，指稅賦（田稅），廣義的貢物是與貢賦同義。以圖表表示如下：

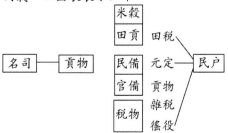

（出自：《朝鮮稅制の研究》，頁86）

〔註22〕前引《經國大典》卷六，頁483～555。
〔註23〕同註22。

　　成宗十九年（西元 1488 年）以後雇用制頗為普遍，瓷器工多靠雇用，早日被雇用的多數良人至此已成為主要官匠。隨著時代的改變和進步，沿用頗久的「官匠制度」逐漸崩潰，昔日的良人官匠逐漸被個人雇用而成為私匠。〔註24〕

　　中宗年間（西元 1543 年）為避免發生熟練工的一再逃亡，以法令規定瓷器匠為「世俗制」。〔註25〕西元 1592 年發生的「壬辰亂」（壬辰、丁酉之亂）導致朝鮮政治、社會之不安以及十分惡化的經濟狀態，出兵朝鮮之日本將軍豐臣秀吉在高麗陶瓷之鄉──全南康津一帶強行帶李參平等一批熟練陶瓷工至日本九州，開啟日本陶瓷時代，由此九州就成為日本陶瓷之故鄉，〔註26〕一時之間流失大部分熟練工的朝鮮陶瓷界面臨極大的挑戰。據《承政院日記》記載，仁祖三年（西元 1625 年）有登記在案並持有匠籍的官匠人數有一千一百四十人，然而多數人逃亡後僅剩下八百二十一人，〔註27〕朝鮮仁祖六年（西元 1628 年）起數年間曾停止司甕院燒製瓷器作業，所節省費用則充做貧民救濟金（《仁祖實錄》卷九），至於何時復工則無確實資料可查。〔註28〕由於官匠的待遇十分微薄，不足以溫飽，為求生活品質的改良與進步，經營實態上出現變化，官窯廠兼燒私貨現象。朝鮮中期後半的肅宗朝（西元 1675～1720 年）起漸增官匠轉職為私匠的人數，〔註29〕十八世紀以後工商業十分發達，從事工商而致富的大商賈或大地主階層陸續出現，原本隸屬於司甕院的大部分官匠瓷器工，開始為這些新興的富商與地主製作瓷器，但也見自始至終堅守官匠職稱而繼續留在司甕院內依舊為內府、王府燒製瓷器者，直至西元 1884 年，廣州官窯完全轉移為民營化為止。〔註30〕

〔註24〕　（一）《朝鮮王朝實錄》十三，《燕山君日記》卷四五，燕山君八年八月癸卯條。

　　　　　（二）姜萬吉，前引書，頁 69～77。

〔註25〕　姜萬吉，前引書，頁 110。

〔註26〕　三上次男，〈日本陶磁の源流を展開〉，《日本、朝鮮陶磁史研究》，（日本，中央公論美術出版，昭和六十年），頁 11～12。

〔註27〕　國史編纂委員會，《承政院日記》仁祖三年七月條，（漢城，國史編纂委員會，1962 年）。

〔註28〕　伊藤郁太郎，《東洋陶磁名品圖錄》，（日本，經濟新聞社，昭和六十五年），頁 9。

〔註29〕　前引《承政院日記》肅宗二十三年閏三月二日條，同二十四年八月二十七日條。

〔註30〕　宋贊植，《朝鮮後期手工業研究》，（漢城，漢城大學出版部，1987），頁 52～60。

（二）陶　政

　　早期陶瓷相關記載相當有限，僅見《高麗史節要》卷三四恭讓王一年（西元 1389 年）記。當時內用瓷器由司甕院派遣官吏至地方窯址、監督燒製後，遴選精品以「常貢」或「別貢」方式進貢供宮廷使用，太宗元年（西元 1401 年）仍由司甕院繼續管理進貢用瓷器，《太宗實錄》有記：

> 其屬各殿，司甕房掌器皿者，或失或破，督令充納。貧寒外吏，多
> 償錢物，因以破產，其弊不小。如宮司倉庫之奴則充闕內差備者，
> 皆其族類，必能相資，無失破之患矣。願自今以倉庫宮司奉書局奴
> 代之，以革積年之弊，其人皆屬繕工，以供其役。其倉庫宮司奉書
> 局提調官員驅從，不過一二，餘皆除之。（《太宗實錄》卷一，太宗
> 元年正月甲戌條）

許多學者誤認爲監督中央官窯和地方官窯爲司甕院的主要職責，爲應此需要至朝鮮建國初期設立司甕院。事實上，早在高麗穆宗（西元 998～1009 年）時已設置管理、監督王室飲食的宮中官署，曰常食局、曰司膳署，至朝鮮原司甕房更名爲司甕院，〔註31〕主要掌管御膳、監製御用瓷器等事宜。據《經國大典》吏典京官職條，司甕院置都提調一人（由王子或大臣擔任）、提調四人、副提調五人、提舉四人、提檢四人、主簿一人，還有負責飯督的賤役者共三百九十人。〔註32〕對朝鮮瓷器發展上建立相當大的貢獻。朝鮮宮廷對青花瓷以及各種畫瓷上的繪畫，由圖畫署派員前來繪畫。

　　朝鮮太宗十七年（西元 1417 年）戶曹下令，「各司所納進貢瓷器，各刻各司號造作上納。」〔註33〕「戶曹」的主要職責爲管理貢賦、戶口、錢糧、食貨等事宜，換句話說，太宗十七年起改由戶曹直接管理瓷器，此類事實暗示著瓷器由此成爲「現物稅」，不再是以土產品性質貢納。戶曹爲提高品質、把握貨源，下令全國瓷器所，照早年由司甕院下令實施內用瓷上書寫銘文模式，將進貢瓷器上書寫「長興庫」等中央官署銘。之外，又令各道製作「貢案」以便確實掌握何處生產何物，進貢品有哪些物等清冊。

　　據《經國大典》工典條，王都漢城設有尙衣院、司甕院等三十個官司，官司內擁有沙器匠、草立匠等共一百三十類別工匠，共有二千八百四十一人，

〔註31〕前引《高麗史》卷八〇，志三四，食貨三祿俸條。
〔註32〕前引《經國大典》吏典京官職條。
〔註33〕同註9。

〔註 34〕各地方登記在案的匠人亦有三千六百五十六人之多，每個匠人負「工匠稅」之役，至六十歲始免役。每個匠人役工匠稅時，先免除「公役」日數。稅額分有上、中、下三等；「上等每朔楮貨九張，中等每朔楮貨六張，下等每朔楮貨三張。」〔註 35〕

廣州和南原沙器匠以白瓷爲「歲貢」進貢，西元 1440 年代所燒白瓷技術相當精良，引起王室的注意，後來改以上述窯址燒的白瓷爲御用器，自此粉青沙器僅供中央官府使用。依文獻，世宗二十四年就任爲高靈縣監的金淑滋，在當地任職六年內，把「九節之法」教授給高靈瓷器匠以後，高靈白瓷品質超越廣州和南原，惜今日沒有人能了解「九節之法」爲何物。《朝鮮王朝實錄》有云：

> 高靈歲貢白沙器，工人用功甚鹵莽，故器多苦窳（中略），其用工與此何殊，逐教下九節之法，精緻鮮潔，居廣州南原之右。先時，每進獻，二邑之工受賞，縣工多得罪，今縣工得賞，而二邑之工反受譴，至今賴之。〔註 36〕

世宗二十七年（西元 1445 年）都巡察使金宗瑞路經高靈縣時，看到縣監金淑滋桌上的一件白瓷，曰：「貴縣砂器甚善、甚善，言至再三。」〔註 37〕

由此得知朝鮮時代生產白瓷的窯廠在北部、中部、南部皆有，官府曾試用王都附近多處生產的各種陶土，結果「宜川」土最潔白而廣州產白土埋藏量最豐富，水與木柴等天然資源更是無限，加上廣州離王都近，交通至爲方便，〔註 38〕因之第一座官窯就設立在廣州，帶來廣州瓷業的繁榮和發展。第一座官窯——最早是設立在廣州金沙里，於西元 1752 年遷移至廣州南終面分院里現在的窯址，不知燒出多少朝鮮陶瓷史上占居輕重，藝術水準十分高的作品——白瓷。（《東洋陶瓷名品圖錄》，（東京，日本經濟新聞社，昭和五十五年），頁 10）。

〔註 34〕（一）同註 32。
　　　　（二）權丙卓，前引書，頁 174。
〔註 35〕前引《經國大典》卷二，戶典雜稅條。
〔註 36〕《朝鮮王朝實錄》五，《世宗實錄》地理志，金宗直彝尊錄下，卷一四八，先公事業第四。
〔註 37〕同註 36，金宗直彝尊錄下，卷一四八，先公事業第四。
〔註 38〕（一）姜萬吉，前引書，頁 91～101。
　　　　（二）宋贊植，前引書，頁 85～110。

第三節　中國景德鎮御窯廠的設立

　　景德鎮位於江西省，在昌江之南，古稱昌南鎮。隋煬帝大業三年復鄱陽郡，唐高祖改郡爲州復饒州，天寶年改曰浮梁，元代浮梁屬饒州路，洪武元年浮梁州屬饒州府。（《浮梁縣志》卷之一沿革）至北宋眞宗年間因景德鎮貢瓷品質優良物美，於是天下咸稱「景德鎮瓷器」，昌南之名則逐漸衰微。藍浦之《景德鎮圖錄》有云：

> 宋景德年間，燒造土白壤而埴質薄膩，色滋潤，眞宗命進御瓷器，
> 底書「景德年製」四字，其器尤光緻茂美，當時則效著行海内，於
> 是天下咸稱景德鎮瓷器，而昌南之名遂微。〔註39〕

景德鎮因自然環境極佳，天然資源充沛，「水土宜陶」，加上位於昌江和其支流西河、東河的匯合處，水運十分方便，自五代以來燒製青白瓷聞名。

　　韓國廣州官窯址和中國景德鎮御窯廠，同是官窯，兩者之陶政與官匠的作業等有相當多的類同，兩處所燒作品趣味，逐漸呈現各自特徵，亦見異中相似，因此在本節提及景德鎮瓷業的陶政和重理。

一、設立年代

　　元至元八年（西元1271年）忽必烈建國，號大元，宮廷典事日益煩重，于至元十五年（西元1278年）在景德鎮設「浮梁磁局」，並納入國内瓷器熟練工予以設籍，燒製官府用瓷。〔註40〕據《元史百官志》，浮梁磁局屬將作院，「秩正九品，至元十五年立，掌燒造磁器，併漆造馬尾棕、藤笠帽等事。大使、副使各一員。」〔註41〕由此知當時的浮梁磁局製作官府用瓷器之外，還製作軍隊用馬尾棕及藤笠帽。至於浮梁磁局廢止爲何年則尚無定論。據《明太祖實錄》與《浮梁縣志》相關資料，景德鎮一帶自西元1352年受到紅巾軍首領項普瑞攻克，西元1360年徐壽輝的部將于光投降朱元璋，到第二年于光導引鄧愈兵收復浮梁爲止，在不到九年時間裏，這個地區歷經戰火多次，人民流亡、田園荒蕪，貿易不通，社會經濟狀態幾近停頓。清康熙《浮梁縣志》卷五：「李庸，明淮人，洪武庚子知州，時初歸附，庸招撫流亡，闢田野通貿

〔註39〕藍浦，《景德鎮陶錄》卷一，景德鎮圖，《陶瓷譜錄》上，（台北，世界書局，民國69年3月四版），頁116。

〔註40〕宋濂等人，《元史》志三八，百官四，（台北，開明書局鑄版），頁229～230。

〔註41〕宋濂等人，前引書，百官志，頁229～231。

易，于光部曲橫恣，每裁抑之，民賴以全祀名宦。」〔註42〕西元 1368 年以後的浮梁就成為朱元璋勢力範圍，政局亦漸趨穩定。明洪武帝於西元 1368 年即帝位，原來由蒙古人統治的中國全面恢復漢化秩序，並以古代漢、唐、宋之制度為參考，恢復匠籍制度，並設立御廠，製作御用瓷。

御廠設立年代一向有洪武二年、洪武三十五年、宣德年間、正德初年等四種說法，〔註43〕而劉新園先生的研究認為「洪武二年」為正確。〔註44〕近十年，景德鎮陶瓷考古研究所等單位在景德鎮珠山古官窯遺址進行考古工作，先後發現明初御廠埋藏落選貢品遺址三處，獲得各類瓷器殘片近八千公斤，絕大多數瓷片年代屬於明初洪武、永樂年。〔註45〕如此龐大數量的瓷片在珠山官窯址出土，正與文獻記載相符，清藍浦撰《景德鎮陶錄》記載：「明洪武二年，就鎮之珠山，設御窯廠，置官監督燒造解京，國朝因之，沿舊名。」〔註46〕

藍浦在嘉慶二十年亦提到：

明洪武二年就鎮之珠山設御窯廠，官窯增室五十八座(《景德鎮陶錄》卷五歷代窯考) 置官監督燒造解京，國朝因之，沿舊名。

以洪武年間解京瓷器為例，每年需要瓷器量相當多，上色瓷器供宮廷用之外，落選之次色瓷器也一併解京後做為賞賜用。《景德鎮圖錄》卷二：

〔註42〕清康熙十二年刻增修本，王臨元等人纂修，《浮梁縣志》卷五，名宦條，(北京，(稀見中國地方志滙刊第二十六冊)，中國科學院圖書館選編，1992 年 12 月第一版)，頁 118。

〔註43〕（一）藍浦，前引書，卷五，頁 119。
「洪武二年，設廠於鎮之珠山麓，制陶供上方稱官瓷，以別民窯。」
（二）王臨元等纂修，前引《浮梁縣志》，卷四陶政，頁 96：「正德初，置御器廠專筦御器。」
（三）明萬曆二十五年刊本，王宗沐纂修，《江西省大志》卷七，陶書建置條，(日本，內閣文庫藏)，頁 3：「洪武三十五年始開窯燒造，解京供用，有御廠一所官窯二十座。」
（四）清光緒七年刊《江西通志》(五) 卷九三，陶政，(台灣，華文書局)，頁 2029：「明洪武三十五年始燒造歲解，宣德中以營繕所丞，專督工匠，正統初罷，天順丁丑仍委中官燒造。正德初，置御器廠，專燒御器。」

〔註44〕（一）劉新園，〈景德鎮珠山出土的明初與永樂官窯瓷之研究〉，《鴻禧文物》創刊號，(台北，鴻禧美術館，1996 年 2 月)，頁 2、3。
（二）藍浦，前引書，頁 53。

〔註45〕劉新園，前引文，頁 3。

〔註46〕藍浦，前引書，頁 53。

　　洪武二年，御廠每歲秋冬二季催船解京，圓琢器皿六百餘件，盤、
碗、鐘、碟等上色圓器，二寸口面以至二三尺口面者一萬六七件，
其選落之次色尚有六七千件，一併裝桶解京，以備賞用；其瓶、罍、
罇、彝等上色琢器由三四寸高，以至三四尺高，大者亦歲例二千餘
件，尚有落選次色二三千不等，一併裝桶解京，以備賞用。〔註47〕

　　清代，景德鎮陶工數達萬人，十分繁榮。《江西通志稿》記：

　　昔日景德鎮只有三百座窯，如今窯數已達三千座。（中略）到了夜晚，
它好像是被火焰包圍著的一座巨城，也像一座有許多烟囪的大火
爐。〔註48〕

《景德鎮陶錄》卷八亦記當時景德鎮陶業的盛況：

　　昌江之南有鎮曰陶陽，距城二十里，而俗與邑鄉異，列市受廛延裏
「十三里」許，烟火逾十萬家，陶户與市肆當十之七八，土著居民
十之二三，凡食貨之所需求無不便，五方藉陶以利者甚多。〔註49〕

如此繁榮一時之景德鎮陶業在清咸豐五年（西元 1855 年），被太平天國軍戰
火燒毀御窯廠，僅存民窯繼續燒製。民窯的窯爐構造長而闊，一次可以燒小
器一千件，若不同尺寸的小器在狹小的官窯爐內燒的話，一次只能燒三百件
（《陶說》卷三說明條）。由於民窯較符合經濟條件，自明末非常興旺，今日
傳世品多半也是民窯系產品。官窯自西元 1369 年設置以來，歷經陶瓷史上許
許多多事，景德鎮御窯廠大事年表概況如（表五）。

二、明代官匠的來源

　　陶瓷之官窯、民窯之分始於宋，但宋、元時期的官窯，是在民窯中「百
中選一」，而且「有命則供，否則止」。〔註50〕明代官窯由於制度完備，組織
嚴密，能屬行繁細精密的分工。這種分工合作的方式，在瓷器製作上是專精
技術的匯集，也是熟練速度的結合；不僅足以提高成品的品質，也可以大量
生產，不啻與今日的機器生產勁能相侔，這是中國瓷器燒製史上進步的象徵，
也是明代對於瓷業發展的一大貢獻。

〔註47〕藍浦，前引書，卷二，頁 67。
〔註48〕吳宗慈，《江西通志稿》，《古瓷鑑定指南》二編（北京，燕山出版社，1993
　　　　年8月北京第一版），頁160。
〔註49〕藍浦，前引書，卷八，頁162。
〔註50〕王宗沐，前引《江西省大志》卷七，陶書建置條，（日本，內閣文庫藏），頁3。

　　明代陶瓷工匠與經費的來源，依《江西省大志》記：「陶夫有雇夫砂土夫，原派自饒州千戶，所上工夫編派饒屬七縣，解徵工食，俱奉造照徵停造免編。」〔註51〕也就是，擔任勞力的陶夫由饒州府千戶所調派，專業技術的工匠則由所屬七縣徵派，所有人員徵調的運送與工作膳食薪資等費用，一概由這些地方政府支付，是在奉命燒造時實施，停燒時則免編。這項人事費用，前人記叙略概見一斑，如《浮梁縣志》中有載饒州七縣奉造照徵人匠，明清兩代的情形如下：

　　明代每人每月工食銀為三十三兩六錢，人數少時有三百五十左右，多至一千五百人，合計每月共需銀則是一萬一千五百餘至四萬九千五百多兩；清初編造的雇夫、砂土夫和上工夫，共四百八十五名，每名每月工食銀為七兩二錢，合計每月共需銀三千五百六十餘兩。〔註52〕再從各種資料顯示，明代官窯雖有間歇停燒，但是停燒有限，可以說始終燒造不輟，以長達兩百五十餘年的明代歷史，經年累月的長期燒造，人事費用著實驚人。這一龐大難以計數的經費，地方政府已經不勝負荷，於是增加礦稅之外饒州府七縣人民的賦役上，確是一項沈重的負擔。明萬曆三十二年，為了應付有增無減的御窯瓷，除了實施高嶺土和其它地方產瓷土「官有化」，與政府共同開採青料等，目的在於補救地方政府龐大財政開銷，但如此一來人民生活更陷於極度困苦，有的還逃離本地或躲避。這種措施到了清初下令停辦，從此結束了明代這項地方政府負擔燒官窯瓷經費的制度。

　　不過，這項明代官窯所訂經費制度，確實是造成地方百姓疾苦；然而，撇開此點不論，純以促進瓷器發展的立場來說，能夠運用富庶的饒州地區人力財稅，投入官窯瓷的發展與生產，這是歷史上任何其他朝代所沒有的事，也才能造成明代燒窯如此恢宏的規模和景象。

　　明代御窯廠內三百九十一名官匠，除了應廠役外，還須到南京服役。萬曆《江西省大志》卷七陶書匠役記：

　　　　嘉靖八年，蒙劉太監題，行工部移咨南京工部，照會本布政司，箚
　　　　府帖縣，將在廠上班人匠，候燒造完日，造冊繳部，准正班。〔註53〕

〔註51〕 （一）王宗沐，前引書，《江西省大志》頁7。
　　　　（二）吳允嘉，《浮梁陶政志》，《叢書集成新論》第四十八冊，（台北，新文豐出版公司，民國74年3月），頁2。
〔註52〕 王臨元等人，前引書，《浮梁縣志》卷四陶政，頁97～98、100～101。
〔註53〕 王宗沐，前引書，頁23。

明正德、嘉靖年間景德鎮官匠數凡三百餘人，畫匠另募而得（《陶說》卷三，說明條），萬曆年御窯廠內分工細，有泥水作（十八人）、匣作（二十四人）、色作（十三人）、畫作（十九人）、錐龍作（十一人）、鍾作（一人）、印作（十六人）、盤作（二十人）、碟作（十六人）、大碗作（二十二人）、色窯（十人）、風火窯（三十九人）、桶作（八人）、索作（八人）、漆作（三人）、竹作（九人）、鍾作（三十人）、船木作（十三人）、小木作（十九人）、大木作（三十五人）等，近四百名官匠，但此數字並非御廠全部的工匠數。明初，對服役匠實施輪班制；依《大明會典》洪武十九年令，「籍諸工匠驗其丁力定以三年為班。」實際上五年一班至一年一班皆有；木匠、裁縫匠、竹匠、筆匠、染匠、扇匠、鼓匠、表背匠、黑窯匠、繡匠、琉璃匠……等各色人匠計有數十萬人，却看不到服役的畫匠。〔註54〕任畫工非易，多半是長期雇募而得。由於洪武二十六年發給勘合的輪班匠中，沒有「畫匠」（《大明會典》卷一八九住坐人匠條），看來早在明初已經以雇募而得畫匠。朝鮮朝青花瓷畫工也長期雇募而保持底線。官府保有官匠畫工數不過實際需要畫工人數的三分之一而已。〔註55〕至明成化二十一年間實施，「凡班匠徵銀，輪班工匠有願出銀價者，每名每月南匠出銀九錢，免赴京所（中略），北匠出銀六錢，到部隨即批放。不願者仍舊當班。」〔註56〕

景德鎮御廠內除了官匠外，另有編役匠。編役匠（即陶夫）主要擔任官匠的助手。明正德至嘉靖年間，陶夫改為雇役，每年分四季，徵收軍匠雇役銀。至正德末年，梁太監任督總官後，又強制編役民匠，以饒州府為例，府內七縣徵用上工夫三百六十七名、砂土夫一百九十名。這些上工夫和砂土夫也稱編役匠（上工夫是工匠的助手，砂土夫是擔任採掘、搬運黃土、砂土的工作者）。至嘉靖三十七年起官僚私占人役的現象相當嚴重，由隆慶年間通判陳學乾上奏曰：官僚一人占人役二三人。為防止這類弊端，陳學乾主張「精簡人事」，後來他的意見被採行，實行大批減員，但以「畫匠」為例，全數畫工都來自召募。萬曆《江西省大志》卷七：

　　大碗、酒鍾工匠類多頹罷不堪，以故燒造後期，合無於起工之日，

〔註54〕李東陽等，《大明會典》一八九卷工部九，工匠二條，（台北，東南書報社，民國52年），頁2567。

〔註55〕羅麗馨，〈明代景德鎮御廠的生產形態〉，前引《鴻禧文物》創刊號，頁50。

〔註56〕李東陽等，前引書，頁2569。

多雇堪用民匠分補。而畫匠、錐龍二作，工製尤少，亦須召募高手，
庶器不苦窳矣。〔註57〕

明御窯廠雇役匠的產生以部分高技術的官匠為優先，實施官匠納銀制後，這些以雇役而產生的高技術性官匠得以納銀免役，跑到工資較理想的民間工廠工作，如此一來導致廠內剩下者多屬技術較低的一群工匠。御廠為了保持御用瓷器的數量和優良品質，只好又付出高工資採用雇役匠。至於坯作工和畫作工匠的工資，比其他工匠優惠。見《景德鎮陶錄》卷四陶務條詳記：

坯房發給人工，其為地下印利做坯等工，則皆四月內給值十月，找滿年終再給少許。其為畫作上工則按五月端節，七月半，十月半及年竣分給至供飯一例，則闔鎮皆三月朔起，有發市錢。(《景德鎮陶錄》卷四，頁10)

依《江西省大志》，明代每高手日給銀四分，中手給銀三分，以上工食俱係料價內支給。〔註58〕

根據清官窯作間編制人員，作頭有四十九人，匠工二百八十五人，若加上不在上述中的風火窯、色窯作頭六人，匠工四十九人，共計作頭五十五人，匠工三百三十四人。清朝文獻記應役按工給值：《清朝文獻通考》卷二一有：

太和殿需用工匠行令，各州縣派解應役，按工給值，至十二年工部以匠役缺少(中略)，查各匠有願應役者，解部供用其後大功告成。凡匠役皆酌路途遠近，按日給與飯銀，令其回籍。又除豁直省匠籍免徵京班匠價，前明之例，民以籍分故育官籍、民籍、軍籍、醫匠寵籍，皆世其業以應差役，至是除之。其後民籍之外，惟寵丁為世業。〔註59〕

至康熙十三年，因亂禍，窯煆盡，大定後燒造無從，有役則工食變得加倍後，御器燒自民窯(《饒州府志》卷三物產條，頁528)。

〔註57〕王宗沐，前引書《江西省大志》卷七，名作匠數條，頁22。
〔註58〕同註57。
〔註59〕高宗敕撰，《清朝文獻通考》皇朝文獻通考卷二一，職役考三，(台北，新興書局印行，民國52年)，頁5044。

第三章　瓷器窯爐的構造與燒窯技術

第一節　窯爐構造

　　古代韓國早在六七千年前已經燒製低溫土器，到了西元前二百年，出現以陶車製作的器型，同時也見打製而完成的器皿，[註1] 至於施釉或還原高溫土器的出現則較晚，是在統一新羅（七世紀後半）以前。陶瓷史上，最初時以「露天」方式燒製陶器，到了新羅時期「地下式登窯」——穴窯出現。[註2] 地下室龍窯是利用山坡地，挖地建造十至二十度傾斜的穴窯，這種窯的特徵是有效地防止熱量的分散。新羅中期後半（八世紀末）所流行的窯構造是「半地下式窯」，所謂半地下式窯是指為改進傳統窯的不便並提昇效率，由原始地下式窯演進的改良式窯，它的特徵在於窯壁和窯床部位仍在地下，但天井則露出在地面上的窯構造，直至高麗初「地上龍窯」尚未出現以前，地下式或半地式龍窯普遍，[註3] 地下式或半地下式龍窯，多年不曾停止使用，因而使用一段時間後，必需對窯床進行補修或填砂土工程，由此窯床的高度日久愈墊愈高，終於出現完全地上式窯。考古發掘多處高麗初期地上龍窯中，認為京畿道仁川景西洞龍窯為典型代表。[註4]

〔註1〕鄭良謨，〈高麗陶磁的窯址和出土品〉，《青磁》，（漢城，中央日報社），1981，頁230。

〔註2〕金진구，《韓國甕器工坊的實態研究》，（漢城，弘益大學校碩士論文，1974），頁53。

〔註3〕禹東玟，《韓國登窯研究》，（韓國，東亞大學校教育大學院碩士論文，1982），頁13。

〔註4〕鄭良謨，〈朝鮮白磁的變遷〉，《朝鮮白磁展》，（漢城，三星文化美術財團，1983年9月），頁230～231。

　　景西洞窯的室內構造不斷改造，由初期的橫焰、通窯式單室窯改進爲隔壁、多室窯構造，原傾斜式窯床發展成階段式床。通常，通窯式單室窯燒製甕、罐等大型器物爲主流，隔壁多室窯則大量生產花器、日用器皿等較小型高級器物。〔註5〕窯爐構造的改進和燒製技術的提昇，直接影響到產生品質的提高，〔註6〕換句話說，窯構造不理想則高品質的產品不易生產。

一、高麗青瓷窯爐

　　「康津」爲高麗青瓷之中心，位於韓國西南部，是在中國著名青瓷生產地浙江沿的對岸。自中唐以後中國與高麗交往日趨頻繁。根據鄭良謨的考古發掘，康津一帶的窯爐形式以半地下式龍窯爲多，〔註7〕利用山坡地而建窯，自然保持十八度傾斜，窯床以小石塊和廢窯具鋪地面，便保持地面的水平，以及達到防濕和保溫的目的和效果。常見窯壁厚四十公分，窯頂厚約二十公分，設有約一公尺高、寬的燃料口，但實際使用窯爐的長度約爲八公尺、高一‧一公尺、寬度則約有一‧二至二‧一公尺，爲提高經濟效率分別設二個出、入口於窯室的前段和中段部位，烟囱則設在外面。窯構造由最初的半地下室單室窯逐漸改進爲隔壁式多室窯，並在隔壁的下部位設二個通氣孔，特意建造窯爐下部寬、上部狹的趨勢，窯床亦漸次墊高（表六）。〔註8〕

　　以康津郡大口面青瓷燒窯技術與窯具爲例，器物以玉璧足碗、盤相當多，釉色十分美麗，還原技術已經把握的非常好，作品多半使用匣鉢燒。窯具尺寸以二十至三十公分的圓筒形匣鉢和圓盤形陶枕爲最常見，也有三叉支燒具。〔註9〕

　　仁川景西洞青瓷窯址，利用自然傾斜度，窯設在山坡地與海面連接之處，保持約二十二度傾斜，高約一公尺，無階梯的單室窯，窯床鋪砂粒後以陶枕墊高保持床面的平面。技術方面，以耐火土和細砂爲墊土，大多數爲疊燒，不見匣鉢，成品釉色呈綠褐；由於產品呈綠褐色得知還原技術尚未成熟。

〔註5〕禹東玟，前引書，頁8。
〔註6〕金仲基，《傳統窯爐的構造與特徵研究》，（韓國，圓光大學校應用美術研究所碩士論文，1991），頁1～4。
〔註7〕鄭良謨，前引文〈高麗陶磁的窯址和出土品〉，頁230～232。
〔註8〕金仲基，前引書，頁17。
〔註9〕鄭良謨，前引文〈高麗陶磁的窯址和出土品〉，頁231。

二、京畿道廣州白瓷窯爐

　　廣州地域窯群主要生產白瓷。〔註10〕窯設在地上約十至十二度傾斜之處，長度約二十三公尺，寬一‧七至二‧二公尺，整體規模相當大。窯床用砂土和廢窯具鋪在地面以求床面平坦，窯內壁使用石塊，外壁則塗上黏土。燒白瓷的窯爐天井外壁面塗白土，厚約三至五公分，東邊窯壁設燃料口兼出入口，窯床面側鋪陶枕使床面呈平坦。廣州一帶窯址密集，窯構造大致類同——隔壁多室。從前的「單室構造」不僅熱量浪費，前窯和後窯之間溫差相當大，火焰直接通過窯室內作品的外表上，易導致出現缺點或斑點等使作品呈瑕疵，由於窯內氣氛不易控制，成品的失敗率也就增多。廣州窯群為改善單室窯的缺點，普遍設「多室隔壁」以便多方面、有效地應用不同程度的熱量和熱度，不但同時素燒和釉燒，也可以控制溫度與熱量以至達到成品率的提高和經濟效應，如，窯爐的傾斜較大則設小火口，火口較大則窯爐傾斜度不宜大，如此便能控制各部位火度的平衡，成品率就也自然增多。

三、中國景德鎮御窯爐

　　中國古代的窯可分為圓窯和龍窯二種。圓窯形似饅頭，所以又稱饅頭窯，有的平面呈馬蹄狀，故又稱馬蹄形窯。景德鎮等地所用的蛋殼窯，是圓窯的一種發展。〔註11〕

　　中國最初是以露天式爐窯，任其自然燃燒升溫，使陶器燒熟。從無窯進步到有窯，最早是地挖穴為窯，後來發展到由穴窯演變為地上窯、饅頭窯、倒焰窯、龍窯等。階級窯是自明代開始有，過去有人認為階級窯在北宋時已經出現，但廈門大學考古隊發掘證明宋代尚未出現階級式窯。〔註12〕

　　陶瓷器完美的燒造，祕訣在於「瓷土純粹取決」的工夫、「坯胎精巧成於技藝」，惟獨釉水色澤和青料發色，就完全資助於窯火，是以《景德鎮陶錄》記敘：

〔註10〕（一）鄭良謨，前引文〈朝鮮白磁的變遷〉，頁55～65。
　　　　（二）梨花女子大學校博物館，《朝鮮白磁窯址發掘報告展》，（漢城，梨花女子大學校博物館，1993），頁13～20。

〔註11〕朱伯謙，〈試論我國古代的龍窯〉，《文物》1984年第3期（北京，文物出版社），頁57。

〔註12〕劉振群，〈窯爐的改進和我國古陶瓷發展的關係〉，《中國古陶瓷論文集》，中國硅酸鹽學會編，（北京，文物出版社，1982），頁166～167。

窯乾、坯乾、柴乾，則少柝裂沈陷之患；土細，料細，工夫細，則
無粗糙污澤之慮；又必火候均勻，無太過不及，則釉行光瑩，器自
完好，要在釉眞匣潔，此燒造之大端也。〔註13〕

製瓷技術屬於高度綜合技術：「入窯必看坯胎堪否，然後蓋匣封固，起火燒造，
如繪畫中、小器，亦須細看上、下、四週有無疵繆，必體質完美方可入窯，
不然則徒勞罔功矣。」〔註14〕瓷器的失敗率相當高，隆慶年間（西元 1567～
1572 年）經奉詔，停燒期間工匠多遷別業。

其他如風雨陰霾，地氣蒸濕等等，也都影響到釉色暗黃、驚裂等種種疵
病的產生。所以，明代官窯對於窯的建造十分考究且改進，就以專燒青花瓷
的窯爐爲例，明代稱爲「青窯」，建造體積比其它品種瓷窯較小；民窯的窯爐
形長，每座可以容納青花小器千餘件，官窯爐比民窯小，每座僅能容納小器
三百餘件，講究的器物甚至一窯只燒一器；如此設計與措置是與前人所謂「取
火候和勻周密，而無攲斜、走烟破瑩之失」有關，更重要的，尚在更能掌握
青花瓷燒造必備的還原焰。

景德鎮的「蛋形窯」是結合了龍窯和饅頭窯的優點，在明末清初才出現，
韓國世宗朝御用白瓷，其燒法皆取自景德鎮技術（依成俔《慵齋叢話》）；蛋
形窯形如臥在地上的半個鴨蛋，前端高而寬逐漸向窯尾收縮，窯尾有一獨立
的烟囪，窯長十五至二十公尺，窯門設在前端，封閉窯門後僅留一投柴口，
緊接著窯門底處有爐條，窯門往後三、四公尺處爲全窯最高、最寬處，高、
寬約在五公尺，構成三階段的坡度。這種窯的特點是窯牆和窯頂甚薄，厚度
約〇‧二〇至〇‧二五公尺，利用空隙隔熱層的方法砌窯，並能夠砌築高水準
的焰囪，這類構造的出現是窯爐史上一件了不起的事情。如此高又大的焰囪
抽力大，燒成時間縮短，產量提高，熱耗低，優點特別多。

蛋形窯一次可以裝八至十五噸日用器，在不同部位不同溫度內放置各不
同性質的器物，達到同時燒熟、燒好的目的。明末清初景德鎮能集古代南北
瓷器的大成，無疑歸功於這種非常進步的窯燒構造，而這種技術對韓國、日
本以及西歐影響至大，英國的 New castle Kiln、德國的 Kasseler Ofen 窯構造就

〔註13〕藍浦，《景德鎮陶錄》卷四，火焰條，《陶瓷譜錄》上，（台北，世界書局，民
　　　　國 69 年 3 月四版），頁 108。

〔註14〕錫惠修、石景芬纂，《饒州府志》卷三，地輿志三物產條陶廠附，（中國方志
　　　　叢書華中地方第二五五號，清同治十一年刊），（台北，成文出版社印行，民
　　　　國 63 年），頁 520～521。

仿照景德鎮窯爐。〔註 15〕

第二節　燒窯技術與窯具

一、廣州白瓷的燒製技術與窯具

　　成俔（西元 1439～1504 年）著《慵齋叢話》卷十記載：「世宗朝御器專用白瓷」，但當時所燒白瓷沒有一件傳世，所幸，近年發掘的許多墓葬和窯址內出土白瓷殘片成為旁證，有助了解當時燒製技術。

　　西元 1985 年由韓國政府機構與學術機構聯合組成的發掘團，在京畿道廣州郡南漢江支流附近展開發掘工作，結果發掘了朝鮮時代中央官窯址二百八十五所，其中，「道馬里窯」一處早期被日本人發掘，曾發表了粗略性的研究論作，〔註 16〕近年由於韓國研究機構的安排之下，陸續發掘完成牛山里、仙東里、樊川里等廣州官窯遺址，然而依各種出土實物得知以牛山里為中心官窯，其他多數則為衛星官窯（表七）。這些官窯遺址出土了相當數量的廢窯具、窯壁碎片以及陶片。眾多窯址中，特別是廣州郡牛山里九號窯址，仍保留原狀態，周遭環境的變化亦不多，因而提供朝鮮初期官窯白瓷研究上最佳遺址和實物，不僅受到學術界的重視，同時也被指定為保護區，〔註 17〕便是「史蹟三一四號」。

　　窯址發掘出土物大致上有：匣鉢、窯壁片、床面片、陶枕形窯具，白瓷片等。白瓷的圈足有墊燒痕，也見以粗砂粒墊燒者。牛山里九號窯址出土白瓷最多，少量的青花瓷和青瓷也伴隨而出土，白瓷的器型繁多，有：鉢、碗、盤、壺、瓶、盒、高足杯、軍持、扁壺、祭祀用器皿等，普遍以墊土支燒或細砂粒支燒。裝窯方式之不同又分為匣鉢燒、墊燒和疊燒三種：「匣鉢燒」是燒製小件精品和上品白瓷時為避免灰塵等異物落至正在燒窯中的器物外表上形成污點，或進一步保護窯內不同氣氛之影響所導致的失敗出現，而使用匣鉢燒。匣鉢燒使成品成功率增加，但付出較高成本；一次能燒製的數量亦不

〔註 15〕劉振群，前引文，頁 171。

〔註 16〕三上之男，〈廣州の窯──李朝──白磁窯をたずねて〉，《日本、朝鮮陶磁史研究》，（日本，中央公論美術出版，昭和六十年），頁 297～298。

〔註 17〕尹龍二，〈朝鮮初期陶瓷的樣相〉，《朝鮮白磁窯址發掘報告展》，（漢城，梨花女子大學校，1992），頁 2～3。

多。「墊燒」，原則上一物放置在一窯具——陶枕上，直接燒窯過程中難免有異物和火焰直接接觸到器物外表，但有墊燒法的空間利用度比匣缽燒較多的優點，成品多屬於中等品。匣缽燒、墊燒、疊燒三種之中利用空間度大、降低成本的最佳燒法爲「疊燒法」（表八），這種燒法具有同時燒製多量產品的特色，粗質盤、碗、瓶、祭祀器皿等用此法燒成以價廉取勝。

　　廣州官窯址地表採集到相當數量的各種匣缽，它們之中以耐火土製作的凹形體和倒笠式蓋子最爲起眼，陶枕數量比匣缽還要多，有圓形、也有圓筒形，小者直徑二公分（高○‧四公分），大者直徑爲十三公分（高八公分）；上述各種形狀、大大小小不同尺寸的窯具，在廣州燒製官窯白瓷時都曾使用它們。

二、景德鎮白瓷的燒製技術與窯具

　　景德鎮窯在宋景德（西元 1004～1007 年）以前亦稱饒州窯，始燒于五代。宋代景德鎮白瓷釉色介於青白之間，白中泛青，一般稱影青或青白瓷，宋代湖田、湘湖、勝梅亭、南市街、黃泥頭、柳家灣等都燒青白瓷。元、明、清景德鎮白瓷標本較多，器型、種類繁。元代景德鎮白瓷釉不透明，胎白、釉面略有氣泡和裂紋、器口無釉，以匣缽內疊燒而成，另有厚底足碗系用墊燒。有些標本碗內底部一圈無釉，用放大鏡細看是燒成時疊燒的另一碗足所留下的燒痕，元、明代很普遍此種燒法。

　　另外，瓷器的燒溫對瓷器成敗，品質的好、壞有重要關鍵。明、清白瓷胎土中採用多量的高嶺土以減少瓷器在燒窯中變形，結果不僅燒溫提高到攝氏一千三百十度，也提高釉和胎土的密合度。清初景德鎮燒窯技術更是做到減少釉中的「釉灰」含量，增加白度並使原料更精製，使清初燒窯技術達到巔峰。〔註18〕

　　景德鎮青花瓷的「色白花青」美麗色澤除了和鈷藍料有關之外，還有與瓷釉、燒溫以及燒成時窯爐氣氛有緊密相關。特別是呈色不穩、難度較高的氧化銅爲著色劑燒製成功的「青花釉裡紅瓷」是與氧化呈色氣氛不同的氧化鈷，同時出現在同一件器物，一起入窯燒成的高度科技的結晶。乾隆朝燒製成功的銅紅釉瓷亦然反映清代瓷器工匠的累積經驗和高度技術。大小盤類器

〔註18〕周仁等人，〈景德鎮歷代瓷器胎，釉和燒製工藝的研究〉，《中國古陶瓷研究論文集》，（北京，輕工業出版社，1983 年），頁 148。

底都是裸胎墊燒，明初大盤底面太大，所以用墊餅支燒是防止高溫坍陷的唯一方法，〔註19〕但口徑五十公分以上大器物和盤的燒製成功率還是不高。

〔註19〕劉良佑，〈景德鎮出土明初官窯標本試析〉，《鴻禧文物》創刊號，（台北，鴻禧美術館，民國 85 年 2 月），頁 68。

第四章　廣州官窯瓷器

第一節　廣州牛山里主官窯出土物——以白瓷爲主

一、器　型

碗

1. 白瓷三角形圈足小碗（圖 1）：高十公分，口徑一七‧三公分。胎土堅硬細白、器壁薄，釉白泛青，施釉薄，圈足無釉，使用匣鉢，製作年代爲朝鮮前期，廣州牛山里出土，朝鮮官窯設立不久白瓷尚未大量生產時期之作品。光州忠孝洞出土一件御用白瓷「丁閏二」銘碗（圖 1-1）製作精、三角形圈足，圈足內有線刻「丁閏二」銘，製作年代與圖壹相同，爲朝鮮前期之作品。韓國國立光州博物館收藏另二件朝鮮初期的「丁閏二」銘粉青碗（圖 1-2）和粉青印花菊紋「丁閏二」碗（圖 1-3），都是在西元 1477 年代表製作（丁酉年閏二月），後二者爲粉青碗，製作粗糙，正是代表粉青瓷的式微和白瓷的精緻化時期。〔註1〕

2. 白瓷「見樣」銘碗（圖 2）：高六‧三、底徑八‧五公分，胎土和釉皆白，圈足內有線刻「見樣」銘文，圖足呈倒立三角形，足底整修良好，以砂粒爲墊石，匣鉢燒製，製作精，十五世紀末十六世紀前半燒製，牛山里窯出土。

〔註 1〕金英媛，《朝鮮前期陶磁之研究》，（漢城，學研文化社，1995 年），頁 190。

　　「見樣」是指製作禮器時先做「樣本」，請皇帝過目用的試樣品。《世宗實錄》卷五十四、《成宗實錄》卷二六四等多處出現「見樣」字樣。依文獻。世宗十三年（西元 1431 年）十一月，朝鮮王下賜明使臣一批朝鮮白瓷，當明使臣回國之後世宗勘察由工曹進上與贈送明使臣同一批「見樣」瓷器時，便發現該批器物有瑕疵，朝鮮王趕緊下令，令畫工楊裴修補使「見樣」瓷器上已存瑕疵化爲完整無瑕。由此可見這件「見樣」銘瓷器是廣州牛山里官窯所燒禮器。

　　3. 白瓷圈足碗（圖 3）：高八・○公分、底徑六・二公分、胎厚，釉色灰白，口沿外反，碗內中心圓圈比圈足爲大，倒立三角圈足，是以砂粒爲墊石的中等品白瓷，牛山里窯址出土。

　　這件與十六世紀廣州樊川里五號窯址出土物十分相似（圖 3-1），[註 2] 又與「通政大夫戶曹　議魚」銘紀年墓出土白瓷碗極爲相仿（圖 3-2）。由於該墓出土一件嘉靖三十三年（西元 1554 年）銘白瓷墓誌石，依此推斷伴隨出土一批白瓷明器爲十六世紀燒製。依朝鮮官制，通政大夫爲文官正三品，通常給予親王或駙馬的官職。由此得知，大致上以牛山里官窯燒製白瓷爲御器，樊川里等衛星官窯製品則供王室和高級官員使用，後者的品質稍差，爲中質品。

　　4. 白瓷高圈足碗（圖 4）：殘高五・五公分、底徑八・三公分、胎土精細、釉色雪白，高圈足相當寬，圈足內釉面以線刻方式刻「黃」字銘文，匣缽燒製，牛山里窯址出土。

　　三上次男稱，這類白瓷碗使他連想起日本製茶碗——唐津茶碗，兩者之間有許多共同點，但朝鮮白瓷碗施滿釉，連圈足內亦施釉，而唐津茶碗則圈足內不施釉爲特色。[註 3]

盤和盞

　　1. 白瓷花形盞（圖 5）：殘高二・六公分、底徑三・六公分。花邊口，胎土和釉皆白，施釉厚，盞外壁以六瓣凸花形爲裝飾，圈足接觸地面部位不寬，圈足內墊細砂，製作精巧，是一件用匣缽燒的上等白瓷。牛山里出土。

〔註 2〕 梨花女子大學校博物館，《朝鮮白磁窯址發掘報告展》，（漢城，梨花女子大學校博物館，1993 年），彩圖四四參考。

〔註 3〕 三上之男，〈廣州の窯——李朝の白磁窯をたずねて〉，《日本、朝鮮陶磁史研究》，（日本，中央公論美術出版，昭和六十年），頁 306。

　　韓國個人收藏一件白瓷花形盞（圖 5-1）與圖伍白瓷盞酷似，器壁薄，外壁以六瓣凸花形為裝飾，釉呈灰白，圈足內施細砂，具有初期白瓷的特徵，匣鉢燒製，製作玲瓏可愛。類形盞日本人稱為「輪花杯」，日本安宅收藏一件（《安宅コレクション東洋陶磁名品圖錄》李朝，頁 152）花形盞為十五世紀所燒白瓷。十二世紀燒製高麗青瓷也有類似此盞者，但輪花紋在器內壁並以菊紋做配飾（同圖錄一六三圖版）。百濟時代「鐙瓦」紋飾與圖伍器形似有源淵關係。〔註4〕西元 1983 年韓國新安海底出土一件「元青白瓷馬上杯」器形奇特：花口、內壁以六瓣凸花形，內底有貼花裝飾，外壁同樣也有五條凸線紋，口緣和內外壁皆飾聯珠紋，竹節形高足。這件高足杯的上端（杯）與圖伍器形類同，這些器型似乎來自西域銀器，故處處留有金銀器的足跡。〔註5〕

　　2. 白瓷倒立三角形圈足大盤（圖 6）：高四‧八公分、口徑二一‧二公分、底徑八‧八公分。胎土細白，器壁薄，口外反，釉呈淡黃色，釉厚，圈足內釉面以線刻書寫「玄」銘，接觸地面的圈足上留四個墊痕，器內底則無墊燒痕，圈足整修相當好。製作年代為朝鮮前期，牛山里窯址出土。

　　圈足內施釉後以線刻方式書寫「天」、「地」、「玄」、「黃」等銘文之白瓷器皿在朝鮮前期相當多，大部分屬於高品質白瓷，製作年代大約為西元 1470 至 1550 年代。〔註6〕朝鮮王室在王都景福宮內，設置「天」、「地」、「玄」、「黃」名下之庫間，在器底寫有同類銘文的器皿將入庫時，必需選擇同名的庫間納入，如「天」銘文白瓷納予「天」庫間、「地」銘白瓷則將入於「地」名庫內保管。同是牛山里出土白瓷大盤（圖 6-1）與圖陸器形相似，兩者皆有朝鮮前期特色；口外反、高圈足寬又高，足上留四個墊土等。

　　3. 白瓷盞（圖 7）：高四‧四公分、口徑（約）九‧一公分、底徑四‧一公分。口外反，胎土粗、釉薄呈灰、釉面有冰裂紋，足加以修正，圈足內沾滿粗砂粒，器內底多處留有墊燒痕，製作粗糙。牛山里出土。

　　與此件器形相似者，白瓷、青瓷皆有，十四世紀後半所燒「青瓷象嵌盞」便是一個實例，傳世件數也不少，此類造型盞盛行時間長，直至朝鮮仍沿用。

〔註4〕香本不苦治，《陶器講座九》朝鮮（二），（日本，雄山閣，昭和五十一年），頁 254 圖版。

〔註5〕文化公報部、文化財管理局，《新安海底遺物》綜合編，（漢城，國立中央博物館，1988 年），頁 451，圖七十八。

〔註6〕梨花女子大學校博物館，前引書，頁 83。

瓶、杯、壺

1. 白瓷高足杯（圖 8）：高五‧七公分、底徑（約）三‧二公分。胎土細白、器壁厚、釉色白，口沿部殘缺，匣缽燒製，品質水準高。牛山里窯址出土。

通常高足杯的口沿是稍外反。韓國國立中央博物館有一件白瓷高足杯（圖 8-1），口外反、器壁堅、輕薄，足部變高便於提用，整體曲線十分美麗，高麗末、朝鮮初做祭祀器使用。與此形制類同者尚有青瓷、粉青瓷等傳世數量相當多。中國明代官窯亦燒製白瓷與青花高足杯（圖 8-2）（圖 8-3），數量不少。

以高足杯器形的演變爲例，朝鮮製高足杯口沿寬、外反、高度不高，高足近乎平行直線狀。宣德（西元 1426〜1435 年）製高足杯則寬口略外反、深腹，高足上部窄於下部，而成化（西元 1465〜1487 年）製高足杯之器身較修長，杯的口部較窄，高足與地面接觸之處變爲喇叭形、是出自於實用意匠，與前二者有相當大的差異。

2. 白瓷兩耳杯（圖 9）胎、釉色皆白，是爲上質祭祀器，外壁左、右各設一耳，下端有鋸齒紋凸貼畫裝飾。牛山里出土。

此件僅存殘片，不易推想完整的器形，但外壁的豎立貼畫鋸齒紋裝飾，與韓國國立中央博物館典藏一件白瓷祭祀器（圖 9-1）相似。（圖 9-1）祭祀器的器形顯示仿傚中國商、周時代的禮器並加以單純化，外壁四處各設貼畫鋸齒紋裝飾，高圈足的前、後兩處則特意挖孔，使器皿顯現出與眾不同的特殊用途。朝鮮時代祭祀用白瓷碗、盤等類的圈足高又寬，圈足上挖孔者不在少數（圖 9-2、3、4），盛行於十九世紀。以鋸齒紋豎立貼畫做裝飾之祭祀器，早在十七世紀中期廣州仙東里窯曾燒製，但後者爲青瓷祭祀器，[註7] 而非白瓷。

3. 白瓷瓶（圖 10）：殘高二〇‧五公分、口徑（約）一二‧四公分。胎土細，釉呈灰白，器物內外施滿釉，器壁厚約一‧二公分，口沿外反，豐肩、器身修長，牛山里窯址出土。

牛山里出土瓶類頗多，有梅瓶、圓球瓶（圖 10-1）、小口瓶（圖 10-2）、將軍瓶（圖 10-3）等等，將軍瓶的口沿是另做而成。廣州牛山里和道馬里窯燒製進貢供宮廷使用的朝鮮初期之典型白瓷瓶，與韓國湖巖美術館收藏一件白瓷象嵌牡丹紋瓶（圖 10-4）造型完全相同，但後者釉色泛黃，有冰裂紋，

〔註7〕梨花女子大學校博物館，前引書，頁43，彩圖五四。

是屬於軟質瓷器。

鄭良謨認爲高麗白瓷大致分爲「高麗系白瓷」與「中國系白瓷」二類；通常高麗系白瓷冰裂紋多、釉色較溫和，梨花女子大學收藏「淳化四年銘壺」（參考圖一）屬於高麗系軟質白瓷。〔註8〕長久以來，野守健等日本學者一直視淳化四年銘壺（西元 993 年製）爲不成熟的青瓷，長谷部樂爾也主張該件壺爲青瓷。〔註9〕最近崔淳雨和鄭良謨等人反駁日本學者的青瓷說，舉該件壺的釉色淡綠微泛黃，以及胎土特徵異與青瓷爲理由，主張該件爲初期高麗白瓷，〔註10〕這類白瓷的燒製技術在西元 993 年左右相當進步。但三上次男對「淳化四年銘壺」看法卻與眾多學者不同：三上次男舉該件胎土黃白、釉呈淡綠中泛黃，釉面有冰裂紋，施化妝土以及溫度比一般青瓷爲低，加上器形較近於磁州窯系（也與長沙窯器型類同）等爲理由，主張該件壺非屬於白瓷系，也不屬於青瓷。三上次男又舉例說明宋代華北地區流行定窯、磁州窯等白瓷，其對當時高麗陶瓷的刺激和深遠影響自不待言，《高麗圖經》等文獻多處有記，又稱，磁州窯的化妝土技法也直接對高麗瓷器啓發新的技法，由此強調該件壺爲黃釉系。〔註11〕看來對淳化銘壺的爭論不斷，待今後加以研究之必要。唯可以確定的一點就是「淳化四年銘」壺爲軟質瓷器，與硬質白瓷有所不同。

韓國東部江原道金剛山出土「洪武二十四年銘」大缽（圖 11）爲鄭良謨所指「硬質中國明朝系白瓷」的代表性作品，該件大缽釉色白泛藍，器外壁由上而下，由右往左以楷體線刻以「朝鮮太祖王建的建國野心」爲內容的銘文八十二字（內容詳情見表九），另一件大缽與前者大致相同（圖 11-1），銘

〔註 8〕淳化四年銘白瓷瓶，瓶底寫有線刻銘：「淳化四年癸巳太廟第一室享器匠崔吉會造」。

《高麗史》記載，高麗成宗八年（西元989年）四月十五日始建「太廟」，同十一年（西元 992 年）十二月完成。依銘文這件壺爲祭祀高麗太祖王建，在九九三年由陶工崔吉會燒製，並成爲太廟第一室的祭祀器皿。

〔註9〕長谷部樂爾，《陶器講座八》朝鮮（一），（日本，雄山閣，昭和四十六年），頁 202。

〔註10〕崔淳雨、鄭良謨，〈圖版解說〉，《韓國之美（四）》青磁，（漢城，中央日報社，1981），頁 162。

〔註11〕（一）三上之男，前引文〈廣州の窯──李朝の白磁窯をたずねて〉，《日本、朝鮮陶磁史研究》，頁 272。

（二）三上之男，〈李朝白磁とその特質〉，《日本、朝鮮陶磁史研究》，（日本，中央公論美術出版社，昭和六十年），頁 285〜827。

文則在內壁以楷體線刻（詳情見表九），此二件皆爲西元 1391 年燒製。〔註 12〕

　　三上次男依京畿道龍仁郡二東面窯址發掘的白瓷片與唐白瓷「相近」爲主要論證，主張高麗白瓷與青瓷的起源大致相同，兩者皆在約十世紀左右經海路由浙江越州進入朝鮮境內落地而生根。全南康津發現的浙江越窯特有的窯具和製瓷技術，「很意外地」也在二東面窯址內找到。〔註 13〕三上次男主張，高麗系白瓷和明系白瓷一向兩立，到了十五世紀後期起，傳統高麗系白瓷被中國白瓷的強而壓倒性影響之下被吸收，這一點鄭良謨亦持相同看法，〔註 14〕至朝鮮朝逐漸開花並結果，由此見朝鮮白瓷內融入的明系白瓷的深遠足跡。〔註 15〕

二、白瓷盛行的理由

　　中國在唐、宋曾掀起白瓷流行之風尚，到了元代，由景德鎮燒製「樞府」卵白瓷著名，該白瓷因器底寫有「樞府」字，因此後人稱爲樞府窯。

　　樞府是樞密院的總稱，宋時以樞密院爲最高軍事機構，與中書省稱爲「二府」，遼、金、元仍沿用其制。元代重軍事，於是乎「樞密」地位跟隨提高，書有「樞密」字樣的卵白瓷是在這時候由樞密院訂燒的白瓷。近年，在景德鎮湖田窯址出土了各種器種；早期的青白瓷、時間稍晚的樞府窯和青花瓷都出土自同一窯址內，由此見樞府窯當時兼燒青白瓷、白瓷和青花瓷。昔日誤認爲樞府窯白瓷全數屬於官窯——訂燒瓷器，事實上樞府窯在海外出土實例相當多，出土物、傳世物和遺留品的總數更是不在少數，由此知樞府卵白瓷乃昔日受歡迎的大宗貿易商品之一。〔註 16〕樞府窯的特徵大致上胎土厚、釉呈卵白不透明，器型以碗、盤、水注、高足杯爲主流。

　　明太祖朱元璋喜愛「紅色」，洪武三年頒佈了以紅色爲貴的規定，所以傳世的所謂洪武瓷器多用釉裏紅彩飾花紋，而永樂帝則與父親不同——尚白色。永樂帝最喜歡白瓷，朝夕所用都是素白瓷器。

〔註 12〕鄭良謨、秦華秀，《高麗陶瓷銘文》，（漢城，國立中央博物館，1992），頁 122 ～125。

〔註 13〕三上次男，〈高麗磁器の起源とその歷史的背景〉，《朝鮮學報》，（日本九州，1981 年 7 月），頁 268～270。

〔註 14〕鄭良謨，〈白磁論〉，《李朝陶磁》白磁編——韓國之美（二），（漢城，中央日報社、東亞放送，1987），頁 187。

〔註 15〕姜敬淑等人，〈朝鮮白磁〉，《韓國陶磁史》，（漢城，一志社，1989），頁 340。

〔註 16〕馮先銘等人，《中國陶瓷史》，中國硅酸塩學會，（北京，文物出版社，1982 年），頁 449。

　　永樂帝喜愛白瓷的程度遠甚於玉器，依劉新園研究，永樂帝之如此喜愛白瓷，是出自習慣的可能性相當大。如《明史》卷五本紀第五成祖——敕修條謂：洪武三年朱元璋封朱棣為燕王，燕王自洪武十三年開始到西元 1402 年二十年時間一直生活在北平「故元大內」，由此推想蒙古貴族尚白的遺風必然對永樂帝影響。〔註17〕也有人認為永樂帝喜愛白色是與「靖難」有關，「皇」字為「王」加「白」，為「皇」字的隱語，由此永樂帝可能產生以「白」為吉的心理基礎。〔註18〕朱棣生母可能是高麗人碩妃，〔註19〕由此可能也受到生母之影響而產生對白色的鍾愛心理。另外理由之一是朱棣被正統的封建士大夫視為「篡逆」，這一直是朱棣的一大心病，由於情勢之迫，使永樂帝不得不轉而崇儒；〔註20〕且產生尚白心理，以上諸多緣故可能產生了朱棣的好白色，終於在永樂朝新開發「甜白瓷」。宣德白瓷以永樂朝的高度成就為基礎上繼續發展，成化年間燒出白瓷釉汁純淨、白度很高，至清朝，在康熙、雍正、乾隆帝的大力復興和推動之下，仿傚宣德、成化、弘治的製品頗多，這些瓷器的品質相當佳。

　　高麗人自稱白衣民族，尚白色，考量當時與明朝互換使臣、建立朝貢制度、學習和接納先進明朝制度與文化為國策朝鮮初期客觀因素，明初白瓷對朝鮮官窯影響之深遠自不待言。《朝鮮王朝實錄》多處載明皇贈明代白瓷、青花瓷等紀錄，進貢於明朝的朝鮮白瓷亦不在少數。以器形的演變而言，朝鮮白瓷以實用性為主，圈足比前代為寬，高足杯的高足不斷改變為足部外撇便以提用。有些碗口沿外撇、腹部寬又深顯得穩重又實用。至於明代景德鎮御窯燒製白瓷玉壺春瓶、梅瓶、執壺、高足杯等仍保留元代造型，碗、盤圈足變得較寬，圈足內外都施釉，給予穩定、實用之感。討人喜愛的明宣德白釉茶壺和茶盞，依《博古要覽》，白瓷器物內有細暗花、底有暗款者，為一代絕品，〔註21〕印花白瓷也相當多，許次紓《茶疏》記，飲茶用茶具以定窯最貴，至明代定窯茶具已經不易得手，明宣德、成化、嘉靖年製茶具也有不少精品

〔註17〕 劉新園，〈景德鎮明御廠故址出土永樂、宣德官窯瓷器之研究〉，《景德鎮珠山出土永樂、宣德官窯瓷器展覽》，（香港，香港市政局出版，1988），頁 36～37。
〔註18〕 同註 17。
〔註19〕 朱鴻，〈朱棣──『祖』『宗』的皇帝〉《鴻禧文物》創刊號，（台北，鴻禧美術館，民國 85 年 2 月），頁 147。
〔註20〕 朱鴻，前引文，頁 150。
〔註21〕 馮先銘，〈從文獻看唐宋以來飲茶風尚及陶瓷茶具的演變〉，《馮先銘中國古陶瓷論文集》，（北京，紫禁城出版社，1987），頁 7～9。

且得到茶人的青睞。

　　朝鮮初燒白瓷器型和釉色皆仿效明朝白瓷，元末以及永樂帝（西元 1403～
1422 年）鍾愛的白瓷高足杯（圖 12）、梨型壺（圖 13）、蓋罐（圖 14）、盞托（圖
15）、梅瓶（圖 16）等器皿在朝鮮世祖朝（西元 1419～1450 年）致力仿效供宮
廷使用，但永樂年間仿效伊斯蘭金銀器造型的白瓷直頸短流把壺（圖 17）、青花
水注（圖 18）、單把水罐（圖 19）等造型則鮮見在朝鮮出現。仿效伊斯蘭金銀
器造型的白瓷不僅反映出明初永樂帝對異國文化採取兼收並容的豁達態度，同
時也說明當時的外交政策與經貿之間互相有息息相關的事實。〔註 22〕

第二節　廣州官窯青花瓷

一、青花瓷的出現與使用

　　朝鮮世祖年間（西元 1456～1468）起，王室對新品種——青花瓷的關心
十分增加。十六世紀以前青花瓷非常稀貴，多仰賴進口明代青花瓷，並禁止
一般人使用。《經國大典》刑典記：「無論男、女庶人不得使用青花酒器。」《成
宗實錄》三年（西元 1472 年）、六年（西元 1475 年）、八年（西元 1477 年）
等詳加描述王室，巨商等權貴者在此時使用中國製青花瓷的情形。近年在牛
山里、樊川里等官窯遺址和京畿道境內地方窯址發掘中曾出土朝鮮初期青花
瓷，數量有限。

　　明永樂帝致力開拓邦交和海外交易，此時明與日本、琉球交往較穩定，
大量明代瓷器流入日本後，部分瓷器便由琉球商人轉攜帶至朝鮮進貢。《世宗
實錄》記：「琉球國王二男賀通連，遣人致書于左右議政，獻丹木五百斤，青
磁器十事、青磁花瓶一口。」〔註 23〕

　　明代青花瓷在朝鮮初期已經流入宮廷宴會上使用，《孝宗實錄》卷一五：
「太宗大王在前朝，爲國子博士行酌於館中，有青花盞。」〔註 24〕

〔註 22〕劉新園，〈景德鎮珠山出土的明初與永樂官窯瓷器之研究〉，《鴻禧文物》創刊
　　　　號，（台北，鴻禧美術館，1996 年），頁 33。
〔註 23〕（一）《朝鮮王朝實錄》二，《世宗實錄》卷一，世宗即位年八月辛卯條。
　　　　（二）同卷二一，世宗五年正月庚戌條：「日本國前九州總管源道鎮，修書于
　　　　禮曹……獻琉黃五千觔……花磁酒器二。」
〔註 24〕《朝鮮王朝實錄》三六，《孝宗實錄》卷一五，孝宗六年七月乙未條。

　　朝鮮自製最早青花瓷爲太宗（西元 1401～1418 年間），太宗在前朝時愛用的一件明青花小盞，即位後有一天不小心打破，太宗下令廣州官匠燒製相仿之盞以便替代。〔註 25〕朝鮮世宗、世祖年間爲引進先進中國文化，政策上採取「親明政策」，加強兩國交易。此時由朝鮮輸往明朝的物品有人蔘、馬、織品等，由明朝進口物品則有絲品、藥材、瓷器等大宗商品。〔註 26〕到了成宗朝短暫性出現王權轉弱化現象，此時兩國之間官貿易和朝貢貿易逐漸不穩，便導致走私貿易的興起，雖有走私禁令但卻防不勝防，《成宗實錄》卷七十七有云：

> 永濡曰，今豪富之家，競用青畫器。唐物，非能自來，必有輸來之
> 者，其弊不貲，請痛禁。上曰，勿貿唐物，曾己立法，其申明之。

〔註 27〕
如此洪水般進來的明青花瓷，〔註 28〕對朝鮮青花瓷的影響十分深遠，特別是永樂、宣德、正統年間的青花瓷形制遺留在朝鮮青花瓷內。

　　世祖元年（西元 1456 年）起，中宮殿（王妃宮）內使用青花瓷。青花料（鈷藍料）稀少、價高，如何確保青料的來源成爲重要當面問題。爲此，世

〔註 25〕《世界の陶磁》（四）朝鮮梁付，（日本，同朋舍，昭和六十二年二月），頁 152
　　　　～153。
〔註 26〕全海宗，〈麗元貿易的性格〉，《韓國與中國 —— 東亞史論集》，（漢城，知識
　　　　產業社，1982 年再版），頁 141～143。
〔註 27〕《朝鮮王朝實錄》九，《成宗實錄》卷七十七，成宗八年閏二月戊申條。
〔註 28〕列舉《世宗實錄》實例若干：
　　（一）《朝鮮王朝實錄》三，《世宗實錄》卷四十一，世宗十年七月己巳條：
　　上率王世子及百官迎勅于慕華樓，至景福宮，行禮如儀。曰：今賜王白素磁
　　器十卓、白磁青花大盤五箇、小盤五箇，至可領也。
　　（二）同卷四十四，同王十一年五月丁未條：
　　上率百官幸慕華樓，迎勅，還至勤政殿，行禮如儀。勅曰：今遣太監昌盛、
　　尹鳳賜王白金彩幣等物，至可領也。白金三百兩、紵絲三十四、羅十四、紗
　　十四、綵絹三十四、白磁羚羊茶鍾三十介、白磁吧茶瓶十五介。
　　（三）同卷四十六，同王十一年十一月甲辰條：
　　使臣金滿入京，上率王世子及百官，迎勅于慕華館，還宮行禮如儀，勅曰：惟
　　王聰明特達，恭事朝廷，前遣人所進海青鷹犬，足見王之至誠。朕深喜悅，茲
　　遣內官金滿齎勅諭王，特賜白磁器十五卓，王國中有好海青及籠黃鷹大犬，尋
　　訪進來，尤見王之美意。故茲勅諭，宜體至懷，群君及耆老宰樞咸造欲賀，命
　　停之。上率王世子及百官，幸大平館，設下馬宴，使臣進白磁青花大楪四事。
　　（四）同卷四十九，同王十二年七月乙卯條：「青花獅子白磁卓器三卓、青花
　　雲龍白磁酒海三箇。」

祖九年（西元 1464 年）、十年（西元 1465 年）間下令生產青花料的地方政府
以貢物形式貢納青料到中央，如：康津、密陽、義城、順川地方所產「回回
青」，或其他地方特產「深重青」和「土青」等青花料集中運到中央，然而廣
州官窯用此料仿效明青花瓷，所燒青花瓷器供王室使用。這類內容載《世祖
實錄》多處，如，《世祖實錄》卷一世祖元年：「工曹，請造中宮酒房金盞，
命以畫磁器代之，東宮亦用磁器。」〔註 29〕同卷三十卷世祖九年：「全羅道
敬差官丘致峒，得回回青於康津，以進。」，同卷三十一卷世祖九年閏七月：

> 慶尚道敬差官柳緩，來復命，仍進諸吧產物，咸陽郡眞寶縣深重青、
>
> 密陽府回回青相似石（中略）寧海府綠石、熊川縣有光白土等物。

咸陽、眞寶、清道、盈德、義城、大丘、蔚山、慶州、金海、門慶、機張、
昌寧、靈山、寧海、熊川、順川、康津等多處出產青花料。朝廷爲順應快速
成長的青花瓷需求量，政策上鼓勵開發青料礦，繼世祖年間下令地方產青料
納貢於中央，在睿宗元年（西元 1469 年）十月又對全羅道觀察使令：「發現
回回青者有厚賞，並公布於全國。」成宗八年（西元 1477 年）下令限青花瓷
器進口量。儘管朝廷對青花瓷進口有嚴格限制，但仍透過各種官道而進口的
青花瓷數量不少，消費量相當可觀甚至供不應求或不足以用，如光海君十年
（西元 1618 年）有一次的王室宴會用青花瓷不足以用，故以假畫品替代。仁
祖二十六年（西元 1648 年）原本備妥二百餘竹（一竹爲十箇）接待明使臣用
青花瓷，接待畢檢點時發現所剩青花瓷僅有四五十竹而已。朝鮮王室欲自製
青花瓷以用，曾多次向明朝求青料，但所得無多，《慵齋叢話》卷十：

> 人之所用，陶器最繁。（中略）世宗朝御器，專用白磁，至世祖朝，
>
> 雜用彩磁。求回回青於中國，畫樽罍盃觴，與中國無異，然回青罕
>
> 貴，求中國亦未多得。朝廷議曰：中國雖窮村茅店，咸用畫器，豈
>
> 皆回青所畫，應有他物可畫者，訪於中國，則皆曰此土青也。然所
>
> 謂土青者，亦未求得，由是我國畫磁器甚少。〔註 30〕

明朝使用青花料多依賴進口，至十五世紀發現「土青」，但量不足以分給朝
鮮。青料的稀少和價高間接助長朝鮮白瓷繼續盛行、青花瓷稀少，當製作青

〔註 29〕前引《朝鮮王朝實錄》七，《世祖實錄》卷一，世祖元年閏六月癸亥條。

同卷三十，世祖九年五月壬子條。

同卷三十一，世祖九年閏七月庚申條。

同卷三十四，世祖十年八月戊子條。

〔註 30〕成俔，前引《慵齋叢話》卷十。

花瓷時捨不得多用青料，因而青料色淡，導致朝鮮青花瓷與明代青花瓷之間迥然不同的趣味，由於朝鮮青花瓷淡薄的青色生成一種朝鮮特有的孤獨、悲哀感，器形和畫法亦異於明代青花瓷。韓國國立中央博物館最近新入藏捐贈文物——朝鮮海安君夫婦「墓誌」，足以說明十六世紀朝鮮青花瓷的面貌；這些七件方形墓誌銘長二四公分、寬一九公分，[註31] 參考價值高。海安君夫人死於西元 1567 年，出土三件青花墓誌，胎灰，釉呈淡青，青料的發色呈暗青，書法格調高、筆勢相當佳。海安君死於稍後的西元 1573 年，夫人死後第六年。四件海安君墓誌以筆勢而論，楷書體筆勢遜於夫人墓出土者，但青花瓷墓誌的胎和釉皆潔白，青料呈美麗的藍色，比六年前進步許多達到相當水準。

中國青花瓷的發生一向有「唐代說」、「宋代說」、「元代說」。[註32] 唐代早已具備製作青花瓷的條件，但多數學者乃持保守的態度，認為青花瓷的生產於元代，明代出現更成熟的青花瓷並快速普及化，與元末明初漢族貴族和鑑賞家以「青花瓷輕彩瓷」相比，短短八十年的變化相當大。

青花瓷的主要著色劑是氧化鈷（CoO）。首先在素坯瓷胎上用筆描繪紋飾，然後施透明釉以還原氣氛一次燒成，使其白釉下呈現出十分美麗青花，色白花青顯得雅緻。

近數十年諸多學者的研究發現，元青花所用青料鐵鈷含量高而錳鈷含量則極微，與錳含量高而鐵量少的國產青料顯著不同，這種「高鐵低錳」的進口料——蘇泥勃青，是元代青花的共同特徵。景德鎮珠山官窯遺址出土近八千公斤明初官窯青花瓷片，其中遴選洪武青花瓷片，委請中科院上海硅酸鹽研究所進行測試結果得知，洪武青花與元青花皆使用同類鈷土礦的相同釉料，也就是進口的「高鐵低錳」蘇泥勃青青花料，[註33] 至於元青花與洪武青花之間呈色不同原因似乎不在於青料，而是燒溫和燒窯氣氛不同而呈現不同色調。

蘇泥勃青價高供應不穩，至明成化年間進口青花料用盡，開始使用國產

〔註31〕國立中央博物館，《博物館新聞》第三〇三號，（韓國，國立中央博物館，1996年11月1日），第四面：「安海君為朝鮮第十一代王中宗與後宮所生，生於西元 1511 年，死於西元 1573 年，自小身兼文武雙全而受到父王特別寵愛，享年六十三。」

〔註32〕成耆仁，〈明清民窯青花瓷〉，《明清民窯青花紋飾特展》，（台北，國立歷史博物館，民國 85 年），頁 16～17。

〔註33〕劉新園，前引文，〈景德鎮珠山出土的明初與永樂官窯瓷器之研究〉，頁 25。

青料，叫作「平等青」。嘉靖之後又用「回青」﹝註34﹞青花色調再度恢復到美觀，至明末、清初「回青」又告絕，開始改用「瑞州石子青」，﹝註35﹞主要產地為浙江金華、紹興一帶。到了嘉慶以後（西元1796年～）則開始用「雲南料」──珠明料，珠明料含氧化鈷量較低，一般在二％以下。清初，最好珠明料之氧化鐵含量較高達八～九％以上，現代繪製的高級青花瓷仍多採用珠明料。珠明料的鈷土礦主要分佈在雲南、福建、江西等省。

明代青花瓷至宣德年大盛，論瓷者以「宣德青花為最貴，以其色階多，自然取勝」。除了青花瓷，宣德年製白瓷、寶石紅、彩瓷也相當受歡迎，尤其宣德甜白瓷和永樂白瓷一樣潔白，碗盤和小杯多屬半脫胎，多見淺劃暗款、暗花，﹝註36﹞宣德年製小型茶壺尤為著名；茶壺宜小不宜大。﹝註37﹞宣德年製瓷器對朝鮮製瓷技術給予深遠的影響，成為相仿之對象，至於白瓷小型茶壺在朝鮮不甚流行，可能是由於兩國民族之間習慣相異；似乎於十八世紀以前不尚飲茶有關。

明成化年間青花瓷需求量大，為大量生產，色澤和紋飾提供「標準器」，使畫工照著畫，《陶說》卷三有相關記載：

> 畫青每晨午二次集工役，分青染紅擇愿樸者二人，一繪大一繪小，
> 看畫完，差其多寡、同異，付窯帶燒，合格者為樣器給畫工。凡繪
> 器顏料，加減色澤程度，悉以此器為準。﹝註38﹞

成化瓷器因其精美，不僅官方喜愛，民間更是好仿造，萬曆時成化年製一雙盃價值十萬。﹝註39﹞《陶錄》稱所謂成化「成窯以五彩為上」，其中「鬥彩」尤為著名，凡明代瓷器，「有神」、「無能超宣成」的美稱。﹝註40﹞明末清初都有仿傚成化瓷，仿品的白釉多半微閃牙色，紋飾較不生動，欠少自然流出

﹝註34﹞ 王宗沐，《江西省大志》卷七，回青條，（日本，內閣文庫藏），頁11～12。
﹝註35﹞ 張誠，〈青花顏料初探〉，《文物》第315期，（北京，文物出版社，1982年8月），頁66。
﹝註36﹞ 朱琰，《陶說》卷三，宣德窯條，收錄於《陶瓷譜錄》（上），藝術叢書第一輯第三十三冊，（台北，世界書局，民國74年），頁110。
﹝註37﹞ 奧玄寶，《茶壺圖錄》敘目源流條，收錄於《陶瓷譜錄》（下），藝術叢書第一輯第三十四冊，（台北，世界書局），頁90。
﹝註38﹞ 朱琰，前引《陶說》卷三，頁120。
﹝註39﹞ 藍浦，《景德鎮陶錄》卷五，景德鎮歷代窯考條，收錄於《美術叢書》二集八輯，（台北，世界書局，民國69年），頁121。
﹝註40﹞ 同註36，頁112。

之美感。〔註41〕清代官窯器在康熙、雍正、乾隆三朝爲最好,大致上器型與紋飾方面受官府限制,筆墨和上彩之法亦有所限制。但以唯美不求成本,致力仿作歷代名窯或創新作品結果,如今傳世不少清初三朝之間燒製精製瓷器;雍正朝所畫青花花卉最工,人物則不及康熙甚遠。〔註42〕這些官窯瓷器與民窯瓷器相比,民窯青花的簡筆寫意、自由奔放、逸筆草草之趣味和格調迥然不同。民窯青花在正德、嘉靖、萬曆年間以至清代繼續發展,呈現出全盛期,生產量相當龐大,造型變化多,常見紋飾有花卉、人物、山水、走獸、瑞祥圖等無所不有。

　　清代流行藝術復古風氣,作品皆缺乏創新觀念,即使部份具有新意與新面貌,也都屬於技術發明與物質更新方面的成就,整個外觀予人一種缺少感人精神內涵的印象,這種情形尤以在青花瓷上爲然。清代青花瓷器外表,精工細緻,紋飾華美,但僅追求前人已有的境界,加以模擬與仿造,而且完全執著外貌的形似,古樸淳眞之氣蕩然無存,形成一種華麗虛飾外殼下的空洞。講求實質生活內涵的明代青花瓷所表現的是純樸的感情、自然表象的模擬,兩相對照,顯示清代瓷器缺乏明代瓷器所有的情感眞摯與自然生動的美感,這正是藝術所具有的精髓,同時也是清代青花瓷的藝術價值遠遜於明代的理由。〔註43〕以實用爲出發點,繼承明朝純樸的感情和藝術精神的朝鮮青花瓷,內涵著明朝藝術精神和哲理,而後走出去開創屬於朝鮮人的新天地。

二、器型與紋飾

(一)窯址出土物

　　1. 松葉紋青花片(圖 20):牛山里西南方堆積內出土。胎土雪白,青料渾沌色淡青,描繪松葉的技法很熟練,整體的感覺淡雅,此時的工人對青料(鈷)欠乏了解還原技術掌握不穩。匣鉢燒。

　　2. 青花纏枝紋瓷片(圖 21):牛山里東北邊出土。器壁厚〇‧三公分,青料多處暈染、黑點、發色呈暗青,纏枝紋靈活,背面沾有細砂,製作精,匣

〔註41〕國立故宮博物院編輯委員會,《明成化瓷器特展目錄》,(台北,國立故宮博物院,民國 73 年 7 月第四版),解說文。
〔註42〕江浦寂園叟,《匋雅》卷上,《陶瓷譜錄》(下),藝術叢書第一輯第三十四冊,(台北,世界書局,民國 69 年第四版),不分頁。
〔註43〕佘城,《明代青花瓷器發展與藝術之研究》,(台北,文史哲出版社,民國 75 年),頁 307～308。

缽燒，與此件紋飾相似的青花盤在景德鎮陶瓷館收藏一件，〔註44〕十七世紀日本肥前瓷器紋飾中亦見相同紋飾者。〔註45〕

另一件纏枝紋青花片（圖21-1），出土於漢城個人私宅地內，製作技法與紋飾與圖貳壹相似，可能爲牛山里的產品。〔註46〕

3. 青花「司果」銘墓誌片（圖 22）：牛山里東南部出土，是墓誌石左下部殘片（八·七×四·七公分），胎土細，白釉呈微黃，青料發色暗、暈染。依墓誌石殘片銘文得知，墓主生前官拜武官正六品（官名「司果」）。當朝鮮世祖十二年（西元 1466 年）把軍隊組織更編爲「五衛制度」時，以「司果」爲武官正六品，由此推想此件殘片的製作年代上限爲世祖十二年。

4. 青花雲龍紋片（圖 23）：牛山里出土，胎土和釉潔白，以青料描繪的雲和龍紋技術熟練，是一件上好青花瓷壺片，匣缽燒。

品質上與此件相差很大的一件碗片（圖24），胎土黃又粗，器面多孔，釉薄、器身圈足無釉，施草紋，疊燒，樊川里窯出土。前述牛山里出土進貢用青花雲龍紋片和樊川里出土青花碗片之間顯示品質差異，樊川里窯產品僅供地方官府用，此類瓷器以「降低成本」和「利用空間」爲第一，品管的要求則似乎次要。

紋飾技法與（圖23）青花雲龍紋酷似者，發現於仙東里窯址，但後者以鐵釉描繪（圖23-1）畫面呈褐色，製作年代約爲十七世紀後期。白地鐵繪瓷早在中國元代盛行，以韓國新安沉船出土陶瓷器爲例，出土許多鐵繪白瓷。〔註47〕製作技法與青花瓷非常相似，宋元時代中國南、北各窯曾生產鐵釉瓷，紋飾趣味亦與青花瓷類同。

（二）韓國國立中央博物館收藏

1. 青花詩句紋盤（圖 25）：朝鮮社會文風盛，詩句、文人書畫隨而非常

〔註44〕 國立歷史博物館，《明清民窯青花紋飾特展》，（台北，國立歷史博物館，民國 85 年 2 月），頁 64。

〔註45〕 大橋康二，《古伊万里の文樣》，（日本東京，理工學社，1994），頁 67。

〔註46〕 梨花女子大學校博物館，前引書，頁 34。

〔註47〕 （一）《新安海底遺物綜合編》，（漢城，文化公報部、文化財管理局，1988），頁 461、462。

（二）成耆仁，〈從新安出土元代陶瓷器看中韓歷史關係〉，《國立歷史博物館》季刊第二卷第 12 期，（台北，國立歷史博物館，民國 81 年 10 月），頁 26。研究結果，沉船年代約爲西元 1310 年至西元 1330 年，由此推斷船內出土鐵繪瓷器製作下限不晚於西元 1330 年代。

發達，這件盤正是反映文人雅士生活的一面。道馬里窯址也出土一件青花詩句紋盤（圖 25-1），前述二件除了以青料書寫五言句以外沒有任何其他紋飾。湖巖美術館藏一件「丁巳造」銘盤（圖 25-2）仍以文字爲主將盤面分八，每面內施一行字，口沿四處則各施一隻鳳。個人收藏「忘憂臺」銘盤，刻意把銘文設在中央，銘文下方則以簡筆描繪菊紋（圖 25-3），別具風趣。

2. 青花梅竹梅瓶（圖 26）：這件係朝鮮初期道馬里燒製。整體器型端正、均衡，寬肩縮腹具有元代梅瓶特色，肩部蓮瓣紋是致力仿效中國青花瓷的結果，梅花畫法已現出朝鮮畫趣味，由初期中國形制轉移至朝鮮作風的過渡期作品。（圖 26-1）梅瓶正面繪竹、背面則繪梅花，由於器形和畫法推斷爲朝鮮初期燒製。另一件青花虎雀梅瓶（圖 27）誇張肩部，下腹急縮，有爽快大膽之感，異於元代或朝鮮初期梅瓶，器形出現相當大的變化，紋飾方面朝鮮化趨向更爲明顯，溫順的「紙老虎」是朝鮮化趨向的表現之一。吉祥紋梅瓶（圖 28）頸部變長又寬，整體器形較修長。到了此時，紋飾和器型脫離「中國風味」，並已顯現朝鮮瓷器的特徵。國立中央博物館收藏一件銅紅釉竹葉紋瓶（圖 28-1），口外反、寬肩縮腹，底部變寬敞、圈足，外壁以銅釉描繪竹葉。另一件該館收藏銅紅釉蓮紋小瓶（圖 28-2），器形飽滿呈球形，蓮花與竹葉畫法具有樸素、自然趣味。其他如（圖 29）扁瓶、（圖 29-1）青花海水魚紋盤等描繪自然，具有濃厚民畫趣味。吉祥紋、八寶紋、蝙蝠紋、山水風景紋（圖 30）等畫匠做爲描繪的好題材。

朝鮮陶工富於創造力，善加應變的能力不低。如（圖 31）多角瓶、葫蘆瓶（圖 31-1）、器形飽滿的青花雲龍紋罐（圖 32），松鶴紋圓瓶（圖 33）皆爲新造型。青花「庚午」銘罐（圖 34）口外反、短頸、寬底、腹部左、右二地各設一鳥形把手，外壁以青料寫銘文，銘文由上往下有八行，每行九個字，共七十二字，字體工整，有力，是一件上好作品。這些作品筆法非常自然，不加修飾且充滿寫生感和繪畫性、簡化趨勢反映出愛好藝術和自然的朝鮮人性格和審美觀。

朝鮮、日本、安南製瓷技術皆受中國影響深遠。朝鮮瓷器以白瓷爲主流，青花瓷則因青料不足而發展受限。十五世紀仿造中國宣德作風之松竹梅瓶和唐草紋瓶相當流行，到了孝宗初年（西元 1650 年代）出現良質的青花瓷，初期紋飾以細筆、寫實的植物紋、山水紋、花卉紋爲主，中期紋飾演變爲粗糙、圖案化趨向，空間感由初期的「留白」變爲「沒有空間」的空間感。釉色由

初期的淡青色演變較濃青或紫色系色調，也見藍地白花瓷。朝鮮中期以後的紋飾以花卉、龍雲紋、長文詩句紋、魚藻紋爲多。朝鮮晚期器型較多樣化，除了碗、盤、瓶、罐類之外，各種文房用具的出現反映出文人社會的風趣。

　　朝鮮末大院君時（西元 1864～1873 年）分院喪失官窯性格，改稱爲「汾院」，並大量生產，但品質相當粗糙，紋飾混亂，釉色也濁泛黃，到了西元 1883 年周邊的松材用盡以及諸多因素而廢窯。宮外多處窯址則乃燒商品青花瓷，品質普遍低落。

第五章　白瓷使用者的階層變化

第一節　白瓷「公私使用禁令」與使用階層

一、禁用背景

　　傳統已久的宮廷用器皿至朝鮮世宗朝（十五世紀前半）起了一大改革，長久以來做爲內用器使用的金銀器被白瓷取代，從此白瓷工藝迅速發展，並催生青花瓷的出現。

　　前章已詳述「禁用金銀器並改用白瓷爲內用器」的主因是爲本國不產金銀之故，爲防止因使用奢侈性高的金銀器所造成的沉重經濟負擔。金、銀需求量相當大，每年製作武器、鑄錢、金屬活字等迫切需要金銀資源，每歲向明朝進貢亦需要龐大金銀，[註1] 故內用器由金銀器改用白瓷、宮外日用品亦勸改用「沙木器」。《朝鮮王朝實錄》、《明史》等文獻多處載朝鮮向明朝請求

〔註1〕　（一）金銀器皿除內用國用外，下令中外一切禁止。（《太宗實錄》卷十三，七年一月甲戌條。）

　　　　（二）傳旨：金銀本國不產之物，進獻方物，向且難繼，酒食器皿，上下通用，尤爲未便，今後進上服用器皿，關內酒器及朝廷使臣支應器皿外，一皆禁用。（中略）犯者論以制書有違。（《世宗實錄》卷三，元年六月條。）

　　　　（三）……京外公處銅器，一皆定限收納。（《世宗實錄》卷二十五，六年八月丁未條。）

　　　　（四）戶曹啓：鑄錢銅不足，請自今公私新造器皿一禁，違者杖一百，身充水軍。（《世宗實錄》卷三十四，八年十二月乙丑條。）

免除每年歲貢項目中的「金銀」乙項。世宗朝下令：「宮外公私之間禁使用白瓷」。然而白瓷禁使用令的背景則不同於金銀器禁用令。後者似乎因金銀不產於國內原料不足的疑慮為考量，然而白瓷禁用則與原料無關，而是「君」與「臣」之間不同身分之區分為主要原因，相同記載見《朝鮮王朝實錄》。〔註2〕

朝鮮社會相當傳統、保守，內用器隨不同年代而有改變，以下根據文獻探討內用器的變化情形：

（一）朝鮮初期沿用前代傳統，以金銀器為內用器使用：

金銀器用，除內用國用外，下令中外一切禁止。國中皆用沙漆器。（《太宗實錄》卷十三，太宗七年正月甲戌條。）

（二）世宗朝御器專用白瓷，至世祖朝雜用彩磁：

世宗朝御器專用白瓷，至世祖朝雜用彩磁。（中略）求回回青於中國，（中略）然回青罕貴，求中國亦未多得（中略）然所謂土青者，亦未求得，由是我國畫磁器甚少。（《慵齋叢話》卷一○）

（三）成宗年間（西元1469～1494年）廣州官窯燒製白瓷，釉白無瑕，品質相當佳：

（成宗）賜白瓷于承政院，仍傳曰：此杯潔淨無瑕，注之酒，塵滓畢見，比諸人若大公至正，無一點之累，則不善之事，無得容焉。（《成宗實錄》卷二一一，成宗十一年）

（四）朝鮮燒製白瓷胎土白、質硬，品質相當好，但由明朝進口的新品種瓷器——青花瓷在朝鮮王室、宮廷內掀起流行潮，擋也擋不住：

上率王世子及百官，迎勅于慕華樓，至景福宮，行禮如儀。勅曰：今賜王白素磁器十卓、白磁青花大盤五筒小盤五筒，至可領也。（《世宗實錄》卷四一，世宗十年七月己巳條）

上率百官幸慕華樓，迎勅，還至勤政殿，行禮如儀。勅曰：今遣太監昌盛、尹鳳賜王白金彩幣等物，至可領也。白金三百兩、紵絲三

〔註2〕《朝鮮王朝實錄》《太祖實錄》卷六，三年六月己巳條。
同書，《太宗實錄》卷十三，七年一月甲戌條。
同書，《世祖實錄》卷三十八，十二年四月戊午條。
同書，《世祖實錄》卷三十九，十二年六月丙午條。
同書，《成宗實錄》卷七十七，八年潤二月壬子條。
同書，《中宗實錄》卷八十六，三十二年十二月甲子條。
同書，《光海君日記》卷一○二，八年四月壬戌條。

十匹、羅十匹、紗十匹、綵絹三十匹、白磁羚羊茶鍾三十介、白磁
吧茶瓶十五介。(《世宗實錄》卷四四,世宗十一年五月丁未條)

使臣金滿入京,上率王世子及百官,迎勅于慕華館,還宮行禮如儀。
勅曰:惟王聰明特達,恭事朝廷,前遣人所進海青鷹犬,足見王之
至誠。朕深嘉悅,茲遣內官金滿齎勅諭王,特賜白磁器十五卓,王
國中有好海青及籠黃鷹大犬,尋訪進來,尤見王之美意。故茲勅諭,
宜體至懷,群臣及耆老宰樞咸造欲賀,命停之。上率王世子及百官,
幸大平館,設下馬宴,使臣進白磁青花大楪四事。(《世宗實錄》卷
四六,世宗十一年十一月甲辰條。)

李相進段子毛子各一匹,香帶一腰,暗花青鍾四事。中宮、東宮、
徽嬪宮,各進段子二事。(《世宗實錄》卷四四,世宗十一年五月己
酉條。)

李相進……暗花鍾四事。(《世宗實錄》卷四五,世宗十一年七月壬
戌條。)

青花獅子白磁卓器三卓,青花雲龍白磁酒海三箇……(《世宗實錄》
卷四九,世宗十二年七月乙卯條。)

朝鮮王所用明代瓷器,除了明皇帝賜與及朝貢貿易所得之外,尚有明使臣前來
朝鮮朝時攜帶進來者,或托友人帶進之物,數量似不少。隨日益增加的需求量,
僅靠進口青花瓷已不敷使用,故朝鮮睿宗元年(西元 1469 年)十月下令,使全
羅道觀察使致力開發回回青礦,對回回礦的發現者厚賞。然而朝廷匯集由全國
送達至中央的國產「回回青」青料試燒青花瓷,成果似乎不很理想。

　　禁用中的白瓷和青花瓷,除了宮廷使用之外,宮外一概不得用,但流行
的風潮逐漸吹到宮外權高者和大商賈之間:

大司憲金永濡啓曰:青畫磁器已禁用,但大臣戚里好用之。本府禁
亂吏,豈得發摘乎?請申飭禁止。(《成宗實錄》卷七七,八年閏二
月辛亥條)

……此聞,勳戚貴近先自壞法,閭巷小民亦相率而侈靡。其中巨商
富賈,縱情無忌,習以為俗,至如畫磁器非土產也,而求買上國。(《成
宗實錄》卷七七,八年閏二月壬子條。)

如此掀起的中國瓷器熱,刺激了朝鮮瓷業的加速發展,尤其引人注意的是,

朝官和庶人之間漸增使用中國瓷器者。當禁用令依然實施期間，朝官、庶民層無法以正常管道入手瓷器，故而私下請京外工匠到私宅內偷偷燒製白瓷，供這些人使用，這就是禁用白瓷期間私下燒製白瓷以圖私利的實例：「磁器，自今進上外，公私處行用一禁，京外匠人，潛隱燔造，市裏及朝官庶人之家，私相買賣者，以違制律論。」（《世宗實錄》卷三八，十二年三月戊午條。）

世祖十二年間，京外工匠在私宅私燒白瓷供朝官、庶人使用的情形非常氾濫，這是自世宗二十九年（西元 1447 年）下令，以白瓷爲御用器之十九年後的事。爲此政府一再下令，凡通買賣瓷器者處以重罪外，爲防止瓷土的濫採濫用，製作「帳冊」分別放置於工曹和承政院，以供參考：

> 工曹啓：白磁器，除進上及已前燔造者之外，自今公私毋得用之。
> 違者並工人，以制書有違律，科罪，且勿定貢物，以防憑公私造之
> 弊；凡白土產出處，今所在邑禁盜用，無遺錄簿，藏于本曹及承政
> 院。從之。（《世祖宗錄》卷三九，十二年六月丙午條。）

朝鮮朝「白瓷使用禁令」實施期間，唯對明朝使臣格外禮遇，爲表達對遠道而來使臣的敬意及尊重，特別許可使用珍貴的白瓷器接待賓客。中央政府如此，地方政府也不例外。據記載，接待使臣用瓷器數量非常多，如朝鮮仁祖二十六年（西元 1648 年）爲例，接待中國使臣用瓷器數量達二百餘竹（一竹爲十箇），接待後點檢時，所剩僅四五十竹而已；耗損量相當大，原因包括使用中破損或打破、失踪或由工作人員偷偷搬出宮外。

明使臣向朝鮮朝索求朝鮮白瓷數量，依文獻似乎不在少數，又，見近幾年以來大陸古墓葬出土高麗、朝鮮瓷器實例亦相當多。明朝向朝鮮強索白瓷數量之多，給朝廷帶來沉重的負擔，《世宗實錄》所載：

> 海壽求磁器，命許之。（《世宗實錄》卷二一，世宗五年八月丙子
> 條。）

> 工曹據平安道監司關啓：道內本無磁器匠，中國使臣來往，支應
> 器皿，甚爲不潔，乞以忠清道各官才熟磁器匠二名，送于本道，
> 傳習燔造。從之。（《世宗實錄》卷二五，世宗六年八月庚申條。）

> 左副代言金赭問安于使臣尹鳳，曰：造紙方文及沙器進獻，有聖
> 旨。赭問曰：沙器數幾何許？鳳曰：數則無聖旨，然吾心以謂十
> 卓所用。每卓大中小椀各一，大中小楪兒各五，及大中小獐本十
> 事可也。且曰：勅書不載，而如此請之者，予本無私藏，將用之

何處乎？金赭將此言以啓，即傳旨于全羅道監司。全州紙匠，給
驛上送，傳旨廣州牧使，進獻大中小白磁獐本十事，精細燔造以
進，遣內官李貴饋別膳于使臣。(《世宗實錄》卷二七，世宗七年
二月乙卯條。)

明使臣向朝鮮索求物品數量非常大，似乎每開口必得。以朝鮮裔明使臣尹鳳為
例，世宗七年（西元 1425 年）二月來朝，要求相當數量的瓷器、雜物和裝箱用
櫃子二十五個。同十一年（西元 1429 年）一月內臣金滿來朝鮮，向朝鮮強索大
小瓷器一百二十件和酒器六件。同年七月尹鳳第二次來朝時，要求更多的物品，
如彩瓷十套、瓷碗二十套和裝箱用櫃二百個，《世宗實錄》有云：

尹鳳索銅鼊兒沙器及雜物入成櫃子二十五，命與之。(《世宗實錄》
卷二七，世宗七年二月甲子條。)

尹鳳疾作請醫，命楊弘送齎藥，隨至義州，遣內官李貴于碧蹄，贈
尹鳳大狗二雙，鳳求請之物二百餘櫃；每荷一櫃，用八人荷櫃軍，
自大平館至沙峴，絡繹不絕。使臣求索不多，未有甚於此時者也。(《世
宗實錄》卷四五，世宗十一年七月庚申條。)

明永樂帝（西元 1403～1422 年）派遣鄭和下西洋前後七次，對外宣揚明朝
德威，對經濟發展帶來刺激和生氣，尤其對瓷器的需求量大量增加，產品方
面出現新品種和新器型以應付海外需求。宣德朝（西元 1426～1435 年）國
力富足，海內呈現一片昇平景象，尤其在文化、藝術方面顯得蓬勃興盛，名
藝術家、政治名臣輩出，朝野上下濃厚藝術風氣的影響所及，也促成瓷器、
雕漆、緙繡等手工藝的發展，特別是宣德朝所燒瓷器精緻，從此以精美瓷器
為祭器，成為祭祀大典時不可或缺之器皿。朝鮮世宗十年（西元 1428 年）
明宣宗遣派使臣來朝，贈明代瓷器予朝鮮王，包括明代白瓷十卓、青花大盤
五件、小盤五件等。同十一年五月，宣宗又派太監昌盛和使臣尹鳳來朝，贈
送許多物品，包括三十件茶鍾、十五件白瓷茶瓶在內的明代名貴瓷器。

政治上，朝鮮與明朝大致上保持良好關係，互派使臣，促進朝貢貿易和
其他經貿關係。據記載，自朝鮮太祖至世宗五十八年間由朝鮮派遣至明朝
的使臣就有三百三十九梯次，每次約有二百人，平均推算每年計有六次，一
千二百人前往明朝。〔註3〕由此可知每年在互派使臣上所費的時間和金錢之龐

〔註 3〕江原大學校、韓國史教材編纂委員會，《韓國史的理解》，（韓國，江原大學校
出版部，1989 年 1 月第四版），頁 193。

大。明朝也曾多次派遣使臣前來朝鮮。

到了十六世紀青花瓷不僅在權貴、大商賈之間掀起流行潮，連遠在邊境守疆域的軍官、武士之間也廣爲盛行，當地居民受到相當大的壓迫，苦不堪言，而有部分居民則逃至中國境內。《中宗實錄》、《明宗實錄》都有類似之記錄。如云：

> 下諭于平安、咸鏡觀察使節度使曰：邊方守令，不專意武事，而徒尚侈靡，其所致意者，飲食器皿之間橫費其價，載輸于京，本土不產磁器等物，無不貿去，誇張過客。自以爲能任黜陟者，亦視爲常事，括不譴責，其弊不皆。卿悉此意，嚴加禁斷，痛革此弊，使之專委武事。（《中宗實錄》卷七，四年一月庚申條。）

> 政府及備邊司兵禮曹堂上，會賓聽議啓曰：前日經常李薇所啓，六鎮居民，投入彼境。其言果然，六鎮本無官屬，以軍卒爲衙前，以保人爲閑丁，多般侵虐，故不堪其苦，投入胡地者不可勝數。其弊已久，必擇遣守令，然後庶無此弊。（《明宗實錄》卷四，元年十一月戊午條。）

類似記載相當多，如：

> 集賢殿直提學梁誠之上疏曰：聖慮，當今諸曹百官，何事爲急？八道之弊，何者爲甚？於是平安道議流移蘇復之策，定節制置司之地；咸吉道慮六鎮偏重之害，思龍城置營之便。（《明宗實錄》卷一，元年七月戊寅條。）

政府決心拿出公信力來約束不守法者，屢次下禁使用令，對不守法者處以死刑，但全國上下對青花瓷熱愛和奢侈之風，實在難以禁斷。有云：

> 傳旨禮曹，聞中朝禁青花磁器，賣與外國使臣，罪至於死。今後赴京及遼東之行，貿易磁器一皆禁斷。（《世宗實錄》卷一一九，世宗三十年三月戊子條。）

朝鮮中期以前仍嚴格限制使用瓷器的身分，到了光海君年代（西元 1606～1622 年）逐漸鬆解，且有條件地開放使用者的身分。

朝鮮派遣明朝正規使節有「賀正使」（一月一日）、聖節使（明皇生日）、千秋使（太子生日）、冬至使（冬至）之外，尚有謝恩使、奏請使、進賀使、陳慰使、參覈使、辨誣使等視需隨時派員。隨行人員大致有正使、副使、書狀書、從事官、通事、醫員、寫字官、畫員、押馬官等正式人員，加上非正式人員，總計一梯次的人員數約達二百人。

二、解禁與使用階層的變化

　　自世祖十二年（西元 1466 年）頒佈「白磁器公私禁用」令起，至光海君八年（西元 1616 年）有條件地局部開放、允許士大夫使用「常白磁」，前後貫穿了一百五十年時間。《光海君日記》有云：

> 可憲府啓曰：國網解弛，上下陸夷，儀章無別，名器不嚴。至於服食器用，爭相干犯，略不知愧，如鋪陳器皿床卓等物……各處行用者，竝用青絲織端，御席則畫以龍鳳，東宮幕次則畫以三爪龍，油遮日亦依此畫格著油，竝以色絲，繡以典設司三字。如長興庫，公家行用則竝用馬蹄文及白席，御用則用花紋席及紋席。織造時竝紋以長興庫三字，如士大夫，只許用馬蹄紋及白席，至於司饔院沙器，大殿則用白磁器，東宮則用青磁器，如內資、內贍、禮賓寺所用，則竝依舊例，用青紅阿里畫。計一年國用，令司饔院一時燔造，分上各處，遂年爲例。士大夫所用，許用「常白器」……，一切永爲恒式，此後匠人等，私相造作，僭擬國用者，斷以死刑。（《光海君日記》卷一○二，八年四月壬戌條）

據上述《光海君日記》得知，隨不同身分而用所定不同器物，如御用畫龍鳳紋器物、花紋席和紋席，大殿用白瓷，東宮用器畫三爪龍、青花瓷，士大夫用常白瓷、馬蹄紋及白席……。所謂「常白磁」是不用匣鉢，疊燒而成的較粗糙白瓷；與御用白瓷相比有胎土多氣孔不純、圈足不加整理等特徵，以圖與御用高品質白瓷區別。御用白瓷之燒製不僅使用匣鉢，選用最佳白土，曾託遣中國使臣回國時由中國攜帶二十袋中國產白土。《承政院日記》肅宗三年十一月二十一日條：「厨院之任，欲燒精白御器，入燕時，求白土于倅矣。今主倅精研二十袋以進，其瑩如玉。」

　　考古發掘廣州官窯出土匣鉢特別多，牛山里等窯址有堆積如山的匣鉢。朝鮮王朝是文人、士大夫社會，對文人、士大夫的禮遇處處可見，例如，「禁止白瓷在宮外使用」令正嚴格實施期間，格外地許可士大夫使用「青花小酒盞」，如：

> 大小員人，用紅、灰、白色表衣白笠紅鞋者，酒器外金、銀、青畫白磁器者（中略），庶人男女則併禁紅紫衣、紫帶、金、銀、青畫酒器，交綺綃。（《經國大典》刑典禁制條。）

朝鮮社會實施相當嚴格的階級區別，自建國至朝鮮末從未正式開放或准許一般

老百姓和庶民男、女使用白瓷器。〔註4〕朝鮮中葉以後逐漸出現不顧禁令和重罰而使用白瓷的人,韓國學者白富欽對高麗末朝鮮初墓葬和寺廟遺址做調查報告,反映當時雖有禁令,却執行不嚴格的事實。白富欽的此項調查統計顯示,絕大多數寺廟遺址均出土青瓷或粉青,却不見出土白瓷的實例。〔註5〕但墓葬出土例不同於寺廟;墓葬內出土相當多的白瓷墓誌銘(見表九和十)。同為「使用禁令」實施期間(西元 1430~1466 年),對寺廟和墓葬出土物做統計發現,兩處出土物內容有明顯特徵。追究上述出土白瓷墓葬的墓主生前身分發現,生前任朝廷高官者占多數,但也有朝官、庶人之實例。白富欽的另一項調查發現,隨葬瓷器器種的演變;調查對象為白瓷禁用令在有條件性開放以後時期(西元 1616~1900 年)之二十六座墓葬。這二十六座墓葬之絕大多數墓以白瓷或青花瓷做陪葬品,器物以生活用品和文房用具占多數,替代前代的白瓷墓誌銘和墓磚之外,此時候的墓主身分以學者和儒學家的比例增多,前代普遍的王室成員和高官墓葬則呈減少趨勢。〔註6〕類同的實例發生在同為儒家理想為政治思想的中國明代社會裡,而這些事實或許代表著東方哲學的內涵與以「死者為大」的儒家思想。

十六世紀末起朝鮮社會因政治不穩而陷入不安狀態,倭寇壬辰亂和丁酉亂(西元 1592~1598 年)後的朝鮮政壇出現嚴重的黨派紛爭;王位繼承、王子冊封等問題上「北人」與「西人」之間意見不合、主張各異,對政治、社會帶來相當程度的負面影響。黨派紛爭中由西人得勢而與王權結合統治朝鮮後朝,並迫使由北人勢力擁護的君主 —— 光海君下台。陶瓷史上,歷經壬辰、丁酉兩亂後許多陶瓷熟練工、手工藝工匠與五萬多名人質,被日本軍有計劃地強制押解至日本九州地區,朝鮮陶瓷業界瞬時失去相當數之瓷器熟練工匠而面臨一大挑戰和危機。〔註7〕在這過渡期間青瓷式微、粉青沙器大

〔註4〕 (一)國譯叢書八五~一譯註,《經國大典》,刑典禁制,(漢城,韓國精神文化研究院,一九八五年),頁 439~440。

(二)朝鮮王朝法典叢書,《經國大典》卷五刑典,(東京,學習院東洋文化研究所,昭和四十六年十二月),頁 482。

〔註5〕 白富欽,《由文獻看朝鮮白磁的需要層的變化》,(韓國,東亞大學研究所碩士論文,1989 年),頁 28~29。

〔註6〕 白富欽,前引書,頁 52~55。

〔註7〕 (一)江原大學校,前引書,頁 208。

(二)三上次男,〈古代、中世の朝鮮陶磁と日本〉,《日本、朝鮮陶磁史研究》,(日本,中央公論美術出版社,昭和六十年),頁 322。

受歡迎，可惜粉青瓷風行時間不長，不久遭受新興白瓷的壓倒性威力而與白瓷融合，從此消失不復見。〔註8〕粉青瓷的出現和盛行時間雖短，它具有豪放、自由自在的繪畫性，故在朝鮮陶瓷史上獲得十分崇高的藝術評價。

　　十五世紀後半朝鮮受到中國宋瓷〔註9〕、景德鎮產品的深遠影響與刺激，設立第一座官窯，以至於十九世紀末廢窯，漫長的四個世紀裏不斷燒製御窯用瓷，到了仁宗年間廣州官窯周遭的木材用盡，從此，每隔十年窯廠由原址遷出，並在豐沛水源和木材之地重建官窯。《承政院日記》記載：

> 趙翼以司寶院言啓曰：分院之設，自前擇其樹木茂盛之地，移來移去，而今則所設處，累年入樹取用，燔柴已盡，不得已他樹木茂盛之處，擇地移設，乃能燔造矣。（《承政院日記》仁祖三年八月三日條。）

總之，十五世紀後半在廣州設立官窯以來，全國各地原有的陶器窯址和瓷器窯址不僅數量減少，品質也逐漸粗劣化，以至於沒落或消失。換句話說，十五世紀後半設立廣州官窯以來負責燒製進貢瓷器，不再需要由地方窯貢納，由此間接地導致地方窯品質下落，但因對瓷器需求量增加，各地興建民窯加入生產日用瓷器的行列。至西元 1883 年代周邊的松林用盡，致使官窯永久廢窯僅存民窯繼續活動。

第二節　庶民階層用器皿與祭祀器

一、庶民用日常器皿

　　朝鮮朝平民百姓使用的器物大致上有陶器、土器、鍮器、木器等，並以陶器為大宗日用品，《慵齋叢話》記：「人之所用，陶器最繁。」常民（平民）用陶器是以自行購買者為多，也見向「貰器廛」租用。朝鮮《萬機要覽》（西元 1808 年撰寫）內有詳細記載。廛案（政府許可並登記在案的商人所賣買的物品詳目）的內容大致有：

〔註 8〕鄭良謨，《李朝陶磁的編年》，世界陶磁全集（十九）李朝，（東京，小學館，1980 年），頁 144。

〔註 9〕徐兢，《宣和奉使高麗圖經》卷三十二器皿三、陶尊，（台北，台灣商務印書館，民國 60 年 10 月臺一版），頁 119～120：「復能作盌、楪、桮、甌、花瓶、湯琖，皆竊仿定器制度。」

外長木廛、菜蔬廛、隅廛、惠政橋雜廛、貰物廛、涼臺廛、雜鐵廛、
鹽廛、白糖廛、鷄兒廛、卜馬諸具廛、內外貰器廛、繩鞋廛、上下
木器廛、鐙廛、白笠廛、草笠廛、黑笠廛、佐飯廛、針子廛、內外
粉廛、簇頭里廛、生雉廛、刀子廛、笆子廛、箭鏃廛、鹽水廛、種
子廛……等。

其中「內外貰器廛」是出租器皿專門店。〔註 10〕

二、特別用器——祭祀器皿

　　朝鮮祭祀器淵源於中國商周銅器而加以簡化成形，常見祭祀器皿有碗、
盤、高足杯等，這些器皿的特徵在於器物與地面接觸之處或足部的某部位上
特意施透刻「如意雲紋」、「挖孔」等裝飾，以示祭祀專用器皿不同於一般日
用器，並藉此顯現祭祀器的莊嚴、神聖的特色。〔註 11〕祭祀器以白瓷爲最愛，
青花瓷也曾做祭祀器用。祭祀青花瓷常見暗花或錐花裝飾者，而這類裝飾源
淵於明永樂、宣德青花瓷。〔註 12〕依《世宗實錄》祭祀圖說，官方用祭祀器
的器型相當繁多，有：爵、主瓚、站、鷄彝、鳥彝、斝彝、黃彝、犧尊、象
尊、著尊、壺尊、大尊、山罍、龍勺、洗罍、洗、牛鼎、羊鼎、象鼎、釜、
鑊、匕、鸞刀、俎、几、筵、簠、簋等（《世宗實錄》卷一百二十八，五種，
祭祀圖說）這些祭祀器皿以《周禮》爲範本，器型仿效中國形制，祭祀典位
置圖如下：

〔註 10〕《萬機要覽》（一）卷五　財用條，（漢城，財團法人民族文化推進會，1982
　　　　年 12 月），頁 492～497。

〔註 11〕鄭良謨、金英媛，《光州忠孝洞窯址》，（漢城，國立中央博物館，1992 年），
　　　　頁 41～43。

〔註 12〕劉新園，〈明初の官窯について——劉新園氏を迎えて〉，《東洋陶磁》十五、
　　　　十六輯，（日本，東洋陶磁學會，1985 年，八六～八八），頁 162。

朝鮮祭祀典位置圖

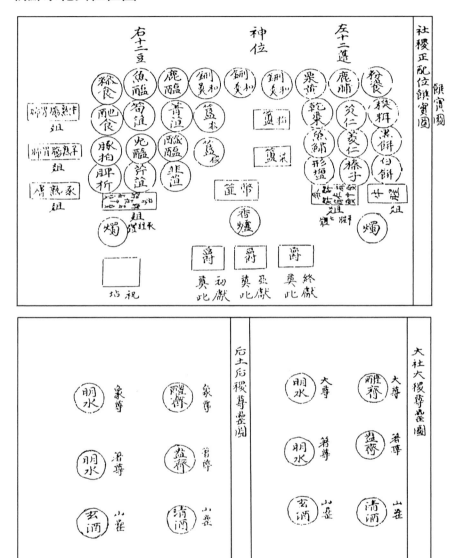

（資料出自《世宗實錄》卷一二八，五禮）

　　朝鮮社會之大禮——冠、婚、喪、祭典儀式傳自中國，大禮進行時皆用茶。「茶禮」在社會上的應用非常廣泛。祭祀獻禮程序有：初獻、亞獻、終獻。至朝鮮中期因排佛之故，導致廢飲茶之俗。朝鮮人好禮，又充滿應變能力於是全面禁茶期間舉行沒有茶的「茶禮」，這種茶廢而禮不廢的精神來自於「朱子家禮」。廢茶以後逐漸興起以酒代茶或以米湯代茶的變通辦法，雖沒有茶但

仍稱爲「茶禮」。祭祀時焚香、點茶作三獻，「牲果」在祭祀大典裏不可或缺，牲果尤重「茶食」；茶食是以松花粉、黑芝麻、米粖粉爲材料與蜂蜜攪和後，用固定板凹花紋內壓印成，形如綠豆糕之物。（茶食淵源於宋代團茶，行禮時團茶不易入手，故以茶食替代）。〔註13〕

　　中國的茶禮或飲茶是「品茗」本位，故茶味最受重視，〔註14〕朝鮮茶禮則以行禮者的嚴謹、誠懇心態最受重視，茶味僅是表達茶儀中的工具而已。朝鮮宣祖時（西元1567～1607年）無茶可買，以湯或酒、清水代替茶，行無茶的茶禮。通常茶禮完畢時茶水已冷，高麗朝以降飲「冷茶」之淵源從此開始。〔註15〕茶葉珍貴，當「茶禮畢」變冷的茶水也不捨丟掉。

　　朝鮮祭祀中的茶禮首重行禮者的誠懇和嚴謹態度，「祭器」更是要求端正、嚴謹、簡而優雅。如圖8、圖9（9-1、2、3、4）爲朝鮮前期燒製白瓷祭器。祭祀用碗、盤、盞、高足杯多半附有高足，胎土精細又白，釉色白中泛淡青，間有白釉，足底以細沙爲墊燒留痕。許多祭祀器造型淵源於商、周銅器而加以簡化，技術方面則略加朝鮮時代金屬工藝和木工藝的因素。〔註16〕朝鮮朝祭祀器與文房用具非常發達可觀，除了韓國國立中央博物館以及各大公私收藏之外，日本安宅所收藏器型與數量相當多，〔註17〕但不知何故白瓷「爵」在朝鮮初祭祀大典時曾普遍使用，而至今少見傳世者。

　　朝鮮王室祭祀器，初期仍沿用金銀器。傳統、保守的朝鮮社會裏，曾數次提議「祭祀器改用白瓷」案，文獻所見以白瓷爲祭祀器的改變是經多次演變結果：

　　上曰：典祀請鑄祭祀何如？禮曹判書許稠對曰：磁器易破，遠輸甚
　　難，不如銅器之牢緻。（《世宗實錄》卷三，元年四月丁亥條。）

　　……祭器之制，妄意造作，未得精潔，宜以奉尚寺，諸色祭器，分

〔註13〕金正奎，《中韓兩國飲茶禮俗之研究》，國立台灣師範大學國文研究所博士論文，（台北，國立台灣師範大學，民國73年），頁192。

〔註14〕成耆仁，〈中國茶史、茶具——兼談在韓國之演變〉，《歷史文物》第五卷第3期，（台北，國立歷史博物館，民國83年8月），頁26～27。

〔註15〕同註14。

〔註16〕秦弘燮，鄭良謨等人，《朝鮮白磁展》，（韓國，湖巖美術館，1983年），頁73。

〔註17〕（一）《安宅コレクション東洋陶磁名品圖錄》李朝編，（日本，日本經濟新聞社，昭和五十五年），圖版四三二。

　　　　（二）東京大學出版會，《韓國美術蒐選》李朝陶磁，（東京，東京大學出版會，1978年），頁132～133，160。

送各道，見樣鑄成，又造藏祭祀庫，令壇直看守，右條依所申施行，

其鑄器姑以鍮器燔造。(《世宗實錄》卷四十九，十二年八月六日條。)

世宗十八年（西元 1436 年），下令祭祀器改以白瓷器皿：「文昭殿，皆象平時，朝夕上食，皆用銀器。而獨於大小祭享，用木器未便，今後改用朱漆。」(《世宗實錄》卷七十三。)

從此白瓷爲祭祀器兼用朱漆，直至世宗二十九年全面改用以白瓷爲祭祀器：「傳旨禮曹文昭、輝德殿所用銀器，自今代以白磁器。」(《世宗實錄》卷一一六。)

祭祀器皿改用白瓷，的確是一大革命。朝鮮設立官窯以前司饔院每歲派人於諸道，監造內用瓷器，官窯在廣州設立以後亦然，由官府派員至窯廠監燒，故所燒瓷器在造型、裝飾或紋飾方面都依照傳統規則，少見變化。朝鮮宣祖年間有人曾提議，祭祀器外型大「宜改小」，但卻沒有被接納。當時隨意改變祭祀器皿的形狀似乎相當困難，《朝鮮王朝實錄》有相關記載：

> 以都監提調，實主其事，初非以地勢之隘也，器大而饌小，欲兩得
> 其宜而裁削耳。當初稍損器制之意，則實在於膳少以器大也。上府
> 曰：自有舊規，今但遵行，不徒議之而已。〔註18〕

明初朝廷常用祭祀器大致上有豆、簠簋、酒尊、酒注、登鉶、爵、罍等，祭祀器的數量或增或減有所變化，但器之原則以「倣古」是不變。明朝洪武三年爲例，祭祀用器皿有：

> 洪武三年禮部言：禮記郊特牲曰：「郊之祭也，器用陶匏尚質也。」
> 周禮籩人凡祭祀供簠簋之實，疏曰：「外祭用瓦簠，今祭祀用瓷合古
> 意。帷盤、盂之屬與古簠簋、登鉶異制。」今擬凡祭祀皆用瓷，其
> 式皆仿古簠簋、登、豆，惟籩以竹。詔從之。酒齊倣周制，用新舊
> 醴以備五齊三酒，其實於尊之名數各不同。〔註19〕

若以明器的材質而言，明朝開國功臣開平忠武王常遇春在洪武二年去世時，明太祖賜給明器以「木」和「錫包金」材質者多，俑也是木製的。銀器和瓷器則不見(《明太祖實錄》，洪武二年十月庚午條。)而沒有多久，便有「祭器，以磁」詔命。由於《明會要》記載得知，明初宗廟祭器以銀器、漆器爲多：

〔註18〕《朝鮮王朝實錄》二十一，《宣祖實錄》卷六，五年五月乙酉條。

〔註19〕《明史》卷四十七，志第二十三，禮一，（台北，開明書店鑄版，民國54年），
　　　　頁 109。

洪武元年正月，製太祖祭器。太祖曰：「近世泥古，好用古籩豆之屬，以祭其先。生暨不用，死而用之，甚無謂也。其製宗廟器服御，皆如事生之儀。」於是造銀器，以金塗之。酒壺盂盞皆八，朱漆盤、椀二百四十（中略），以金塗銀者，俱易以金。〔註20〕

洪武三年祭祀器多仿效周制，永樂、宣德朝瓷器燒造規模恢宏、成就突出，祭享宗廟的祭祀器大量使用瓷器，宣德初年燒造奉先殿祭祀器，一次即高達四十四萬件。〔註21〕永樂、宣德在陶瓷史上另一個成就是鮮紅瓷器的正式燒製成功。鮮紅器在燒製技術上難度高，成品率低，傳世物自然少，世稱永、宣鮮紅瓷器最珍貴，〔註22〕做為祭祀器用。

清朝乾隆十三年欽定祭祀器中以「登、簠、簋、豆、尊、陶爵、琖、鉶」等八種瓷器作祭祀器，釉白無紋。色彩方面因所祭祀的神祇不同而各異，如祈天壇、穀壇用青色瓷，祈地壇、太廟正殿、社稷壇用黃色祭祀器，朝日壇用紅色瓷器，白色祭器則用於夕月壇、先農壇、天神壇、太廟東廡等。四方及各神祇用不同顏色，但祭器的器型、形似和紋飾則固定而少見變化。如今傳世整套祭器難見，數量亦不多，這些祭祀器散見於國內、外公私立收藏。〔註23〕清初祭祀器在使用時的數量，依《清史》記載，大致上是爵三、登一、簠簋二、籩豆十、籩俎尊各二，配從同。祭祀器求圓求正位，祭祀目的之不同，而品目和數量稍有變化。〔註24〕

〔註20〕龍文彬撰，《明會要》（上）卷九、禮四（歷代會要第一期書第九冊），（台北，世界書局印行，民國49年11月初版），頁128。

〔註21〕佘城，《明代青花瓷器發展與藝術之研究》，（台北，文史哲出版社，民國75年），頁130。

〔註22〕中國硅酸鹽學會主編，《中國陶瓷史》，（北京，文物出版社，1987年第二刷），頁388～389。

〔註23〕劉靜敏，《清代官窯瓷器之研究》，中國文化大學藝研所碩士論文，（台北，中國文化大學，民國78年2月），頁137～138。

〔註24〕《清史》卷八十三，禮志一，（台北，國防研究院、中國文化研究所合作，民國50年臺初版），頁1050。

第六章　廣州以外地區的白瓷窯址

　　據韓國文化公報部和文化財管理局共同調查全國性朝鮮白瓷陶窯址統計，〔註1〕京畿道內有一百六十八所、〔註2〕江原道內二所、慶北三所、慶南十六所、全北二所、全南三所，總計有一百九十六所白瓷窯址。其中京畿道內白瓷窯址占全國的百分之八十四之多，當時白瓷的消費者多半居住在京畿道境內王都附近。瓷器工匠人數據《經國大典》，居住漢陽的京工匠人數多達三百八十人，相比之下，分散在全國各地的外工匠瓷器工只有九十九人。以下依文獻或前人所研究為根據，探討朝鮮白瓷窯址的分布狀況：

一、朝鮮北部

　　京畿道龍仁郡二東面窯址，早在二十世紀三十年代就已由日籍淺川伯教進行調查，六十年代由鄭良謨帶領再次調查舊址，得知該窯址為朝鮮時代的白瓷窯址。〔註3〕該址出土物有白瓷片、土器、青瓷片、鐵釉瓷片、窯具和

〔註1〕調查研究報告書八六～一，《朝鮮白磁陶窯址》，（韓國，韓國精神文化研究院，1986年），頁1～57。

〔註2〕尹龍二，〈朝鮮時代分院的設立與演變相關研究〉（一），《考古美術》一四九號，（韓國，韓國美術史學會，1981年），頁27。

〔註3〕尹龍二，〈高麗陶磁窯址之研究〉，《考古美術》一七一、一七二，高麗時代美術特輯，（韓國，韓國美術史學會，1986年12月），頁60。

　　　「玉璧足」，在中國是盛行於唐代，出現年代大約為八世紀晚期、盛於九世紀，至十世紀後半以後似乎不再盛行。依韓國考古發掘六百多地區一千七百多所窯址中，以全南康津地區出土玉璧足器物為最多，製作年代大約為十至十一世紀。

匣鉢等，匣鉢呈M形，白瓷片胎土灰白，釉呈淡綠、淡青。還有出土與高麗初玉璧足青瓷相似的白瓷玉璧足破片。〔註4〕京畿道浦川窯址，〔註5〕也在朝鮮朝燒白瓷。長谷部樂爾引用野守健的研究稱：「京畿道開豐郡宮女洞墓葬內，出土一件高麗製承安三年（西元1198年）銘白瓷水注。」云，〔註6〕承安三年係金章宗完顏璟年號，金朝入主中原後繼續經營著名的定窯白瓷，考量朝鮮與中國在當時之交往情形看，該件「水注」可能出自定窯，而不是高麗產。

京畿道龍仁郡自然條件佳，附近生產白土。窯斜度約有十八度，長約八‧五公尺，寬一‧二公尺，窯床舖細砂和廢匣鉢以保持窯床的平面。京畿道驪州郡加南面亦曾燒製白瓷。

二、朝鮮中部

忠南大德郡鎭岑面窯址在高麗末、朝鮮初曾燒製粉青瓷和少數白瓷，胎土有雜物，色灰，耐火土墊燒，規模不大。江源道哲原郡、忠南大田、公州郡半浦面也曾發現白瓷窯址。依據韓國學者權丙卓的調查與研究，朝鮮初期所生產瓷器的總產量中白瓷的產量占百分之四十七、青白瓷占百分之十七、粉青瓷占百分之十四、青瓷百分之七；到了朝鮮後期，白瓷的生產量增加至瓷器總產量的百分之六十八、青白瓷器百分之二十四、青瓷則僅占百分之六。根據各道內所燒白瓷產量占瓷器總產量百分比的數據調查，京畿道占百分之七十二、慶尙道百分之八十一、全羅道百分之五十三、江原道百分之八十四、忠清道百分之四十二。〔註7〕其中，京畿道道馬里窯址為朝鮮初期最主要的白瓷窯址代表之一，道馬里窯址曾發掘相當數量的白瓷片和試驗鈷藍釉呈色用之瓷片，而這些出土青花瓷的發色和瓷面紋飾與明宣德窯青花瓷非常相似，包括瓷片中的詩句及以文人畫為主紋飾者在內。

〔註4〕 金仲基，《傳統陶窯的構造與特徵研究》，圓光大學校應用美術研究所碩士論文，（韓國，圓光大學校，1991年），頁6。

〔註5〕 同註1。

〔註6〕 長谷部樂爾，〈高麗白瓷〉，《陶器講座八、朝鮮（一）》，（日本，雄山閣，昭和四十六年），頁249。

〔註7〕 權丙卓「傳統陶磁窯址的分布」，《傳統陶磁的生產與需要》，（韓國，嶺南大學校民族文化研究所，1979年），頁39～41。

三、朝鮮南部

　　分布在南部的朝鮮前期白瓷窯址有慶南晉州、尙州、金海郡、密陽郡、梁山郡、四川郡、河東郡（以上係朝鮮前期窯址），慶北高靈、清松，全羅順川、扶安、光州、康津等。其中，柳川里、康津二地窯合稱爲高麗青瓷之中心，年代約爲十一至十三世紀。以柳川里保安窯爲例，附近散布著四十多處高麗窯址，窯址發掘白瓷片、白地鑲嵌、白地鐵釉、釉裏紅等瓷片，器種與紋飾比康津窯更爲豐富。〔註8〕長谷部樂爾說朝鮮初期晉州丹誠周遭生產高品質白土，以晉州丹誠採集的白瓷片做研究發現，技術上與明朝官窯白瓷相異，與高麗青瓷的技法也不同，〔註9〕但與扶安窯址發現的白瓷在技術層面具有許多相同之處。小山富士夫也曾說高麗白瓷在造型方面與北宋定窯白瓷和景德鎮影青相似，但釉色不同；施釉較薄與中國白瓷相異。〔註10〕由此可見，地緣上晉州和扶安之間距離不甚遠，晉州丹誠採集的白瓷片是否係扶安窯址所燒，頗令人感到興趣。

表十一：十五世紀陶瓷窯址演變表

表十一之一：《世宗實錄》〈地理志〉所記瓷器窯、陶器窯（西元1424～1432年）

分類 地域	瓷器窯					陶器窯					合計
	上品	中品	下品	無	計	上品	中品	下品	無	計	
京　畿	1	0	12	1	14	0	6	12	2	20	34
忠　清	0	12	11	0	23	0	6	31	1	38	61
慶　尙	3	8	26	0	37	0	6	28	0	34	71
全　羅	0	15	13	3	31	0	8	23	8	39	70
江　原	0	2	2	0	4	0	0	10	0	10	14
黃　海	0	6	6	0	12	0	5	12	0	17	19
平　安	0	2	11	0	13	0	1	10	1	12	25
咸　吉	0	0	2	3	5	0	0	7	8	15	20
合　計	4	45	83	7	139	0	32	133	20	185	324

〔註8〕尹龍二，前引文〈高麗陶磁窯址之研究〉，頁64～65。

〔註9〕長谷部樂爾，前引文，頁248。

〔註10〕長谷部樂爾，前引文，256，再引用小山富士夫之說。

表十一之二：《東國輿地勝覽》瓷器窯‧沙器窯‧陶器窯（西元 1478
～1486 年）

區　分	地域數	磁器窯	沙器窯	陶器窯	合　計
京　畿	10	5	1	8	14
忠　清	10	8	1	4	13
慶　尚	5	4	1	1	6
全　羅	11	10	1	0	11
江　原	1	1	0	0	1
黃　海	3	3	0	0	3
平　安	1	1	0	0	1
咸　吉	0	0	0	0	0
合　計	41	32	4	13	49

表十一之三：慶尚道地方陶瓷器窯的變化

區　分	世宗實錄地理志	減少數	慶尚道續撰地理志	減少數	東國輿地勝覽
編　纂	1424～1432	－	1469	－	1478～1486
磁　器	37	12	25	21	4
陶　器	34	2	32	30	1
沙　器	無	無	無	無	1

資料：田勝昌，〈十五世紀陶磁所的考察〉（一），韓國

　　十五世紀前半（世宗年間、西元 1420～1450 年）朝鮮官窯尚未設立於廣州以前，南部諸多窯生產品質良好的白瓷，如：晉州、南原、高靈燒製高品質白瓷。世宗二十五年（西元 1443 年）都巡察使目睹高靈燒製白瓷時讚美曰：「貴縣砂器甚善、甚善，言之再三……。」

　　當官窯設立（十五世紀六十年代）以後南部白瓷窯口數急減，品質也十分粗糙化，田勝昌的研究論文〈十五世紀陶器所的考察〉細述這個年代的大變化與事實（表十一）。[註11]

　　在這個大時代的過渡期——白瓷生產中心由南部轉移至北部京畿道廣州。光州忠孝洞窯所燒粉青沙器，由青瓷時代轉入白瓷時代的過渡期，似乎

[註11] 田勝昌，〈十五世紀陶磁所考察（一）〉，《湖巖美術館研究論文集》一號，（漢城，湖巖美術館，1996 年 6 月），頁 88～96。

扮演了重要角色。忠孝洞窯在十五世紀時燒製二大類產品，一為用匣鉢燒精質粉青瓷器，產品曾供宮廷、中央官廳使用，較粗質青瓷則供一般使用。忠孝洞一號窯內出土碗內書寫「茂珍內贍」銘和出自二號窯址的「丁閏二」銘碗，研究朝鮮早期陶瓷史上成為重要歷史實物，前者品質精良，後者則較粗狂。「茂珍」為光州的古名，「內贍」是官司名，自西元 1430 年至 1451 年 1月止稱為茂珍，後改稱為今名「光州」，由此知「茂珍內贍」銘碗的製作年代下限不晚於西元 1451 年，依各種出土物以及堆積瓷片推斷，一號窯址的造窯年代上限約為西元 1420 年。〔註 12〕光州忠孝洞一群窯址密集於無等山麓，在自然傾斜的西南、東北向之地面建窯，依堆積物推斷二、三、四號窯內出土物也都具有十五世紀的特徵，以出土物「丁閏二」銘白瓷片為例，製作年代係西元 1477 年閏二月，自從在廣州設立官窯所燒製品供宮廷使用以來，地方窯之一的光州忠孝洞窯失去光采、活躍也大不如昔日，製品品質逐漸惡劣、粗糙化，產品僅供地方官廳使用。

〔註 12〕鄭良謨、金英媛，《光州忠孝洞窯址》，（漢城，國立中央博物館，1992 年），頁 196〜198。

結　語

　　「白瓷」的概念在東、西方所訂基準不盡相同，表面釉的色調有白色、
泛黃、泛青都有，有時很難盡分青、白瓷之間界限。中國學者所指白瓷是大
致上胎土白，施透明釉，且在攝氏一千二百度以上高溫燒製，白度在百分之
六十以上者而言，〔註1〕中國陶瓷史上最早透施透明釉的陶胎「獸耳鑑」出現
於戰國時代，北齊范粹墓（西元 575 年）出土白瓷碗胎白釉厚，是爲早期白
瓷。歷經隋唐的發展，白瓷在品質上已達到高水準，此時候中國陶瓷以南方
越窯、北方邢窯爲代表，成所謂「南青北白」局面。北方白瓷不僅是由青瓷
逐漸演變而成，北方耀州青瓷、汝窯青瓷等也受到南方青瓷的影響，到了宋、
元，北方定窯和南方景德鎮窯燒出「高品質」白瓷，開啓明清時代的白瓷全
盛時代。

　　從前被認爲「青瓷」作品的韓國武寧王陵（西元 525 年）出土碗胎白、釉
色略泛青但較近於白色，故更多學者認爲係中國南方白瓷，〔註2〕由此有人主
張中國白瓷之南方發生說。謝明良認爲白瓷的個案在南方墓出土實例或許比北
方早，但考量整體性的發展軌跡而論，白瓷的發生起源乃現於北方，〔註3〕不
在南方。

　　高麗瓷器以原有新羅製陶技術爲基礎，宋元高水準瓷器文化熏陶與影響

〔註1〕　葉喆民，《中國古陶瓷科學淺說》，（北京，輕工業出版社，1980 年），頁 131
　　　　～147。
〔註2〕　百濟文化研究所，《百濟武寧王陵》，（韓國，公州大學校，1991 年），頁 288
　　　　～299。
〔註3〕　謝明良，〈有關中國白瓷起源的幾個問題〉，《故宮文物月刊》，第四卷第 6 期，
　　　　（台北，國立故宮博物院，民國 75 年 9 月），頁 136。

之下開花、結果，高麗青瓷名滿天下，期間也燒製白瓷。白瓷在高麗青瓷的強勢之下隱而不現，至朝鮮朝青瓷時代的結束，始展開白瓷的黃金時代。朝鮮世宗朝以白瓷爲內用器，自此白瓷快速成長需求量日益增多，但朝鮮王朝五百年間一般人之白瓷使用則一直被禁止。本文所探討重點大致如下：

（一）朝鮮官窯設立以前，宮廷用陶瓷由各地方政府以「土產」形式貢納於中央，十五世紀六十年代設立官窯於廣州以來，由官窯燒製白瓷供宮廷使用，導致地方窯數量的急減和產品的粗糙化。高靈、晉州等地所燒早期進貢白瓷，設立官窯以後則其成品逐漸出現十分粗劣狀，品質大不如昔日。

（二）王權曾在成宗朝出現短暫性弱化趨向，且隨也出現官窯經營上停滯狀，此時所燒瓷器相當粗糙，同時也出現大量官匠的逃亡群。政府爲了控制品質，規定在官窯白瓷器皿內書寫官廳名，對白土的生產也加以管理和控制；「長興庫」銘白瓷即是在這種背景下所產生。

（三）朝鮮致力仿效明永樂、宣德年間所燒白瓷。器物的演變大致上經中國瓷仿效期，發展期，至於達到朝鮮風格的朝鮮化時代，至此器型、紋飾皆表達朝鮮趣味。明代發展迅速的五彩瓷、鬥彩瓷等，外觀十分華麗、奢侈，形式化，以及濃厚圖樣化趨向，較不合於追求自然美的朝鮮人審美觀，倒是白瓷最受喜愛、青花瓷次之。

（四）朝鮮官窯在受到景德鎮明代官窯陶政與技術等影響與刺激之下，發展出與中國、日本不同性質之白瓷，因而在世界陶瓷史上成爲特殊受寵的對象。朝鮮白瓷釉色不同於中國青白瓷、日本白瓷，淡青的朝鮮青花瓷更是內涵著一種孤獨的悲愁。朝鮮白瓷「論型」，由於不甚對稱、不完整所致而發出自然、親和之美，談「裝飾」不能不提它的浪漫天眞的繪畫性和生命力，燒窯技術上偶發性、無法預料之效果或瑕疵，更使朝鮮白瓷充滿活動生命感。朝鮮白瓷單純，青料淡而誇張紋飾趣味的青花瓷，迥然不同於中國明、清時期景德鎮官窯製品，倒是與明、清民窯青花瓷趣味互通。哲人叔本華曾說：「意志通過單純空間性現象的客觀化就是美」。黃光男教授認爲中國史前彩陶的強烈生命力來自它的造型與繪畫性，應用虛實相應、疏密鬆繁之間。〔註4〕筆者同樣也可以說朝鮮白瓷和青花瓷的活力與永恆的生命感來自它的造型和繪畫性。

〔註4〕 黃光男，〈初讀彩陶〉，《原生文明——館藏彩陶特展》，（台北，國立歷史博物館，民國85年11月），頁18。

　　（五）白瓷為朝鮮以儒家為政治思想，追求清廉、潔白、重道德和愛自然的審美感背景之下的產物。白瓷自高麗朝已燒製，設立官窯以來在政府的政策與監督之下成長，製品供宮廷使用，但終究逃不過供水般湧進來的西方資本主義的洗禮，加上資源之用盡等種種因素，至西元 1883 年宣告廢窯，廣州官窯卸下四百多年來的大任務。

附　表

表目錄

表三　《世宗實錄地理志》陶瓷器所位置與品質表

(品等分「上」、「中」、「下」)

	瓷器所	陶器所
〔京畿道〕		
廣州牧	州東伐乙川（上） 州東所山（下） 州南石掘里（下） 州東羔峴（無）	州南草峴（中）州東草伐里（下） 州西梨串（下）
驪興都護府 （現驪州）		府北串山（中）
楊根郡	郡西豆乙萬里（下）	郡西塔洞（下）
果川縣		縣北加佐洞（中）
砥平縣	縣東大洞（下）	縣東文老谷（下）
楊州郡都護府	府北沙川縣大灘里（下）	府北逍遙山下（中） 府東陶穴里（下）
積城縣		縣東白雲里（中）
抱川縣	縣東蜂單里（下）	縣東其（下）
加平縣	縣西峰在里（下）	
安城郡		郡東大門里（無）
龍仁縣	古處仁窯山洞里（下）	古處仁甘岩里（下）
陽智縣	縣南檻項（下）	縣東新林里（下）
錄原都護府	府西高乙波里（下）	府東松里（下）
朔寧郡		郡北乃文里（下）
永平縣	縣東東良伊里（下）	縣南水月里（下）
	縣南馬乙加伊里（下）	
安峽縣		縣西流大浦里（中）
臨江縣		縣西夫谷（無）
漣川縣		縣東仇乙於谷洞（下）
〔忠清道〕		
忠州牧	州西寶蓮洞（下）	州北月乎峴（下）
清風郡		郡北位谷里（下）
槐山郡	郡南茵峴里（下）	郡南吾只峴（下）

堤川縣		縣西馬谷洞（下）
清州牧		州北加左谷（下） 州北牛項（下）
天安郡	邵南豐歲縣介峴洞（下）	郡南豐歲縣其烈谷洞（下）
沃川郡		郡西金伊山（下）
木川縣	縣北烏山（中）	縣北板陰（下） 縣東犬項（下）
青安縣		縣東薊谷（下）
全義縣	縣西芒峴里（中） 縣南松峴里（中）	縣西釜洞里（中）
燕岐縣	縣北要惠方（中）	縣北要惠方（下）
稷山縣		縣東天興里（下）
溫水縣	縣南上谷洞（中）	縣東金谷洞（中）
永同縣	縣西加丁　里（下）	縣南木村里（下）
黃澗縣	縣東臥鼎洞（中）	
懷仁縣		縣西芚安里（下）
報恩縣		縣東外任里（下）
鎮川縣	縣西大三洞（下）	縣西狗死里（下）
公州牧	州北軍知村（中） 州東東鶴洞（中）	州南粉浦黃瓮匠（下） 州東仇耳洞（下）
林川郡		郡北場岩里（中）
藍浦縣	縣東吹鍊毛老里（中）	縣東炭釜浦（下）
庇仁縣		縣南獐項里（下）
定山縣	縣西獐項里（中）	縣東雞鳳洞（下）
鴻山縣	縣北七里所音漢洞（中）	縣北沙邑峴洞（中） 縣北板梯（中）
連山縣	縣東伐谷里（下）	
鎮岑縣		縣西城北里（下）
扶餘縣	縣西扭峴洞（下）	
洪州牧		州北弘天里（下）
泰安郡		郡北未訖川（中）
瑞山郡	郡北沙器洞（下）	郡東寶賢洞（下）

海美縣		縣東獐項里（下） 縣東只品金（無）
德山縣		縣西楓枝洞（下）
禮山縣	縣東草伊方（下）	縣北冬火伊（下）
青陽縣	縣東長谷洞（下）	縣東板洞（下）
保寧縣	縣西青淵里（下）	縣西長尺洞（下）
大興縣	縣東夫隱伊里（中）	縣東居邊里（下）
〔慶尚道〕		
慶州府	府西大谷村（下） 府北勿伊村（下）	府東水吉谷村（中） 安康縣西草谷村（中）
密陽都護府	府東烏山里（下） 府洞栗洞里（下）	府洞丹場里（下）
梁山郡	郡南今音山里（中）	
蔚山郡	郡北齊餘里（下）	郡北齊食里（下）
清道郡		郡北大谷里（下）
興海郡	郡北長生里（下）	
大丘郡		解顔東村汝里（下） 壽城南村上院洞（下）
慶山縣	縣南豆也里助造洞（下）	
昌寧縣	縣南南谷里（下）	
彦陽縣	縣南大吐里（下）	縣南大吐里（下）
靈山縣	縣東新峴里（下）	
順興都護府	府北沙洞里（下）	府東加耳里（下）
醴泉郡		郡北金堂谷（下）
榮川郡		郡東三岐里（下）
永川郡	郡東原山谷里（下）	郡東蒲背谷里（下）
義城郡	縣西金石里（下）	縣西金石里（下）
盈德縣		縣西城山里（下）
仁同縣	縣東莫谷里（下）	若木縣北甫孫里（下）
義興縣	縣南（下）	縣東巴立田（下）
新寧縣		縣東二十五里　提（下）
尚州牧	中牟縣北揪縣里（上） 中牟東已未限里（上） 成功縣西院洞（中）	州西伐乙夜里（下） 丹密縣丹古（下）

星州牧	州東黑水里（中）	州東豆衣谷里（中）
善山都護府	府東　勿里（下） 海平縣東鳩等提里（下）	府西上松里（下） 海平縣西下里（下）
陝川郡	郡西樹介谷里（下）	郡西于谷里（下）
草溪郡		郡東吾士要里　專陶黃瓷（中）
金山郡	黃金所普賢里（中）	郡南乾川里（中） 黃金所秋風驛里（下）
高靈縣	峴東曳峴里（上）	
開寧縣		縣北馬山里（下）
咸昌縣		縣西大也里（下）
龍宮縣		縣南陽正里（下）
軍威縣	縣西白峴里（中）	縣南槌峴洞（下）
晉州牧	州北目堤里（下） 州西中全里（下） 州東月牙里（下）	州東柳等谷（下） 州南盤龍津　專陶黃瓷（下）
金海都護府	部東甘勿也村（下）	
昌原都護府	府忠山北村里（下）	
咸安郡	郡東伐山里（下）	
昆南郡	郡南蒲谷里（中） 郡東蘆洞（中）	
居昌縣		縣南古川里（下）
珍城縣	丹溪縣東豆谷里（下）	
三嘉縣	嘉樹縣西甘閑里（中）	
宜寧縣	縣東元堂里（下）	縣東元堂里（中）
〔全羅道〕		
全州府	府南長波昆洞（中）	府西雨林谷（中）同上（中）
錦山郡	郡南水叱采里（中）	郡南南濟院里（中）
益山郡		郡東黃白里（下）
古阜郡	郡西富安串（下）	
金溝縣	縣南金山（無）	縣南大洞里（中）
扶安縣	縣南甘佛里（中）	
井邑縣	縣南所谷（中）	縣南穿（下）
泰仁縣	縣東水岩洞（下）	縣南釜谷（下）
高山縣		縣南秦西洞（無）

羅州牧	州西大角洞（中）	州南金磨里（下）
海珍郡	郡東波池（下）	郡東波池（下）
靈岩郡	郡西昆湄多　里（中） 同上（中）	郡西昆　湄栗（下）　同上（下）
靈光郡	郡西九岫洞（下）	郡南松嶽只洞（下）
咸平郡	縣北完昌里（下）	縣北完昌里（下）　同上（下） 縣西多慶里（下）　同上（下） 縣東雙嶺洞（下）
務安縣	縣西周洞（中）	縣西清川洞（中）
高敞縣	縣西德岩里（中）	縣西布乃乎里（下）
興德縣	縣南甲鄉（中）	縣西輪峴里（下）　同上（下）
長城縣	縣西毛栗里（下）	
南原都護府	府北阿山里（中）	府西草狼里（無） 府東銀嶺里（無）
淳昌郡	郡北十八里深火谷（下）	郡東十九里鷲岩山里（下）
任實縣	縣西沙阿谷（中）	縣北北谷（下）
長水縣		縣北板芼里（無）
茂朱縣	縣東近山（下）	
鎮安縣	馬靈縣南豆彥里（下）	馬靈縣東東林里（下）
谷城縣	縣南牛谷（下）	縣西貓峴（下）
長興都護府	府東二十里所兒谷里（下）	府南十里墨方里（中）
潭陽都護府	府東東無知（中）	府南靈岩洞（中）
順天都護府	府北（無）	府北未村（無）　府東吐津（無） 府南梨浦（無）
茂珍郡	郡東利（無）	郡北（無）
高興縣	縣西狀村（下）	縣西粥田（下）
稜城縣	縣西釜方里（中）	縣東金川里（中）
和順縣		縣東大岩（下）
同福縣	縣南沙坪（中）	
玉果縣	縣西北雪山里（下）	縣西芒里（下）
〔黃海道〕		
黃州牧	州東朴山里（下）	州東朴山里（下）

瑞興都護府	府西白納里（中）	府西仇進里（中） 府北苦峴（中）
鳳山郡	郡西　伊山（下）	郡東入仇之里（下）
遂安郡		郡南串內里（下）
谷山郡		郡東阿兒里（下）
新恩縣	縣東二十里炭洞（下）	郡東三十里無古里（下）
海州牧	州西六十三里銀洞里（中）	州西六十五里月老洞（下）
載寧郡	郡東三十里羅邑（下） 郡西八里所泥（下）	
瓮津縣		縣北完匠洞（下）
長淵縣		縣東二十七里長足里（下）
平山都護府	府西成佛洞（中） 府北凡千里（中）	府北刀淺里（中）
兔山縣		縣北三十里末乙洞（中）
豐川郡	郡西十四里餘叱浦里（下）	郡西二十里大川里（下）
文化縣		縣北海庄里（下）
松禾縣		縣北修證洞（下）
殷栗縣	縣南十五里松須洞（中）	縣南十里亭谷洞（中）
長連縣	縣東六里牛耳里（下）	縣東五里坪里（下）
〔江原道〕		
江陵大都護府	府西普賢村（下）	府西南机杖村（下） 羽溪縣南瑪　寺洞（下）
原州牧		州西五十里塔前里（下）
淮陽都護府		府東瓮里（下）
三陟都護府		府北泥里上洞（下）
蔚珍縣	縣北薪谷里（下）	縣北十二里甘大里（下）
春川都護府		府南十三里倉老里（下）
楊口縣	縣北乾川（中） 方山東長平（中）	縣北貯乙里（下）
通川郡		郡南十五里龍貢洞（下）
歙谷縣		縣西十里大谷里（下）

〔平安道〕		
三登縣	縣西朋吾里（下）	
龍岡縣		縣北叱達里（下）
成川都護府		府南泉谷里（下）
慈山郡		郡西爻泉峴（下）
順川郡	郡東廣泉里（下）	郡東賴雜里（下）
价川郡		郡北　踰里（下）
殷山縣	縣北所伊山洞（下）	縣東者介洞（下）
義州牧	州東橫山里（下）	
定州牧	州北沙器里（下）	州北揪洞（下）
龍川郡	郡東閑田洞（下）	
隨川郡	郡北唐吾里（下）	
宣川郡	郡北佐耳田（下）	郡東金村里（下）
定寧縣	縣西所串里（下）	
寧邊大都護府	延山（下）	延山（下）
雲山郡	郡東哘斤岩（中）	郡東哘斤岩（中）
泰川郡	郡西木毛島（下）	郡東瓦窯洞（下）
渭原郡		陶器所一（無）
〔咸吉道〕		
成興府	府東細下洞（下）	府東松洞里（下）
北青都護府		府西終南里（下）
文川郡	郡北禾羅里（下）	郡西自方洞（下）　郡北禾羅里（下）
預原郡		郡西廣城嶺下瓮洞里（下）
宜川郡		郡西無達洞（下）
吉州牧		州南藥水同（無）　州東加次串洞（無）
端川郡		郡西馬岩里（下）
慶源都護府	府西乾原堡洞上三岐（無）　府南有信堡洞（無）	府城西（無）　府南古煙台洞（無）
會寧都護府	磁器所一（無）	陶器所二（無）
鍾城都護府		西豐（無）　俯溪（無）

以上總計爲：上品四所
中品四十三所
下品八十三所

製表人：成耆仁

表四　《朝鮮王朝實錄》記金銀禁用相關條文

順	西元	王朝實錄（卷　年　月　日）	要　旨
1	1394	太祖實錄 6 卷 3 年 6 月己巳條	金銀又每歲進貢上國，尤爲難繼。自今紗羅綾綺及金銀粧飾之物，進上服用及各官品帶外，兩府以下至於庶人，一皆禁止。
2	1406	太宗實錄 12 卷 6 年潤 7 月乙亥條	命京外納品銀，時進獻金銀將盡。議政府建議，一品納白銀五兩，二品四兩，三品三兩，留守官至大都護府五十兩，牧官單府官三十兩，以此爲差，督令進納，以造進獻器皿。從之。
3	1407	太宗實錄 13 卷 7 年 1 月甲戌條	金銀器皿除內用國用外，下命中外一切禁止，國中皆用沙漆器。
4	1409	太宗實錄 17 卷 9 年 1 月甲子條	本土不產金銀器皿，將似難備，乞將土產物件代備進獻相應，煩爲聞奏。
5	1409	太宗實錄 17 卷 9 年潤 4 月庚午條	請免金銀咨，後數日，尚書趙羽，見眉壽發怒折辱之。且曰：爾國，蒙帝恩持厚不宜有此請，係干有違。弘武年間舊制我自不敢與恁奏。
6	1409	太宗實錄 22 卷 11 年 12 月丙申條	命採銀於衿州，上曰：事大之國，金銀不可無也。衿州採銀財力多而所得甚少，宜罷其役。
7	1411	太宗實錄 24 卷 12 年 11 月己酉條	本國產銀之名，而所出不多，勞費太甚請罷之，其歲貢金銀，將本國所產紵麻布，奏請朝廷准價易換以充之。
8	1419	世宗實錄 2 卷 1 年 12 月壬辰條	進獻金銀，換以米穀細苧布，年凶米貴不可以米。
9	1419	世宗實錄 3 卷元年 1 月辛亥條	傳旨，金銀本國不產之物，進獻方物尚且難，繼酒食器皿，上下通用尤爲未便。今後進上服用器皿，關內酒及朝廷使臣支應器皿，朝官品帶外，一皆禁用。
10	1420	世宗實錄 7 卷 2 年 1 月甲子條	金銀自來本國不產，只有前元時，客商往來，與販到些少金銀，用度今已殆盡。聖慈許免金銀器皿，將土產物件代備進貢。
11	1420	世宗實錄 8 卷 2 年 5 月己巳條	皇帝怒進紙奏不塡日字故不敢進，請免金銀奏本。
12	1429	世宗實錄 46 卷 11 年 10 月癸巳條	今請免金銀貢，倘得蒙允，則於冊封等慶事，將以金鞍獻之否乎。雖免金銀之貢，我朝尙不禁金銀之帶，大賀及謝恩，則宜獻之矣。
13	1429	世宗實錄 46 卷 11 年 12 月乙酉條	計稟使恭寧君栶，奉敕回自京師。敕曰：覽表具悉金銀，既非本國所產，今自貢獻但以土物效誠。

14	1430	世宗實錄 47 卷 12 年 2 月丁酉條	每年正朝節日，千秋進獻方物，金銀代用物件以啓，正朝帝所，黃苧布十匹。
15	1431	世宗實錄 53 卷 13 年 7 月甲申條	得免歲貢金銀之後，去年使臣初來宴享時，花裙用金銀與否，議諸大臣，或曰，可代以他物。且前賜磁器，用輒虧破曾以金銀飾邊，今當宴時脫其飾，而用之乎，若以金銀器，不可示於使臣，則本國臣僚金銀之帶，使臣所目擊處之如何。
16	1505	燕山君日記 58 卷 11 年 7 月癸卯條	洵等啓果如上教，但我國金銀非土產，故請免貢於中國累表始得蒙准，今若見廣金銀帶，則彼必以金銀爲我國之產，與前日請免之意，似不相合。

資料出自：白富銀《文獻을 通해본 朝鮮白磁需要層의 變化》　　　製表人：成耆仁

表五　明代景德鎮御器廠大事年表

洪武二年（1369）	珠山設御窯廠，置官監督燒造。（藍浦：《景德鎮陶錄》）
建文四年（1402）	明惠宗建文四年，壬午，始開窯燒造，進宮供用。（汪汲：《事物會原》卷二十八，古燒器條）
建文四年（1402）	洪武二十五年始開窯燒造……有御廠一所。（王宗沐：《江西大志・陶書》）
宣德元年（1426）	九月己酉"命行在工部江西饒州府造奉先殿太宗皇帝几筵、仁宗皇帝几筵白瓷祭器。"（《明宣宗實錄》）
宣德二年（1427）	十二月"癸亥，內官張善伏誅。善往饒州監造瓷器，貪酷虐下人不堪，所造御器，多以分饋其同列，事聞，上命斬于都市，梟首以□"（《明宣宗實錄》）
宣德	宣德中，以菅膳所丞傳督工匠（《江西大志・陶書》）
正統初（1435）	英宗于宣德十年正月即位，曾一度減免征役，造作。御器廠亦曾停燒。（參閱《明史》及《江西大志》）
正統三年（1438）	十二月丙寅"命都察院出榜，禁江西瓷器窯場燒造官樣青花白地瓷器于各處賣，及饋送官員之家。違者正犯處死，全家謫戍口外。"（《明英宗實錄》）
景泰五年（1454）	景泰五年五月，減饒州歲造瓷器三之一。（郭子章：《豫章大事記》）
天順元年（1457）	天順元年，委中官燒造。（《江西大志・陶書》）
成化	成化間，遣中官之浮梁景德鎮，燒造御用瓷器，最多且久，費不貲。（《明史・食貨志》）
成化四年（1468）	成化四年奏准，光祿寺瓷器，仍依四分例減造。（《大明會典》卷一九四）
成化十八年（1482）	閏八月壬申"武臣后衛倉副使應時用建言六事……謂饒州燒造御器，必命內臣監督，自后宜止降式，委諸有司，以免供給之費……錦衣衛坐時用以希求進用罪，且爲御器爲供用之物，內臣爲遣差之人，安敢妄言及此。"（《明宣宗實錄》）
成化廿三年（1487）	成化二十三年九月，裁饒州燒造官。（《豫章大事記》）
弘治三年（1490）	冬十一月甲辰，停工役，罷內官燒造瓷器。（《明史・孝宗記》）
弘治	孝宗初，撤回中官尋復遣。（《明史・食貨志》）
弘治十五年（1502）	弘治十五年奏准，光祿寺歲用瓶、壇、缽自本年爲止，已造完者解用，未完者量減三分之一。（《大明會典》卷一九四）
弘治十五年（1502）	十五年……三月癸未，罷饒州督造瓷器中官。（《明史・孝宗記》）
弘治十八年（1505）	江西饒州府造瓷器，除各年起運外，十八年以后，暫停二年。（《明孝宗實錄》）

正德	正德初，設御器廠，專管御器，尋以兵興，議寢陶息民，未几復置。（《江西大志・陶書》）
	陶匠，官匠凡三百余……日編役，正德間，梁太監開報民戶，占籍在官。（《江西大志・陶書》）
正德十五年（1520）	十二月己酉命太監尹輔往饒州燒造瓷器。（《明史・食貨志》）
正德	自弘治以來，燒造未光者二十餘萬器。（《明史・食貨志》）
嘉靖二年（1523）	嘉靖二年，令江西燒造瓷器，內鮮紅改爲深礬紅。（《大明會典》卷二〇一）
嘉靖九年（1530）	嘉靖九年，詔革中官，以饒州府佐貳官一員，專督錢糧。（同上）
嘉靖九年（1530）	燒造青色瓷磚四百五塊。（同上）
嘉靖十一年（1532）	春二月乙巳，逮饒州知府祁勒下獄，以稽圓丘瓷也。（《豫章大事記》）
嘉靖十六年（1537）	十六年，新作七陵祭器。（《明史・食貨志》）
嘉靖十七年（1538）	春正月壬午謫江西巡按御史陳褒爲韶州推官，以燒造瓷器□限也。（《豫章大事記》）
嘉靖十七年（1538）	饒州府解到燒完長陵等白瓷盤、爵共一五一〇件。（《大明會典》卷二〇一）
嘉靖十八年（1539）	降發瓷器二樣，四十三件。（《江西大志・陶書》）
嘉靖卅三年（1554）	陶有料價，明時初系布政司公帑支給：嘉靖二十五年，燒造數倍，十百加派合省隨糧帶征銀一十二萬兩，專備燒造，節年支盡。三十三年又加派銀二萬兩亦燒造支盡。（《浮梁縣志》乾隆本，以下同）
嘉靖卅四年（1555）	三十四年己丑，下饒州府同知楊錫文、通判陳煉子概臣逮問，以瓷器不堪也。（《豫章大事記》）
嘉靖卅七年（1558）	三十七年，遣官之江西，造內殿醮壇瓷器三萬。后添設饒州通判，專管御器廠燒造。（《明史・食貨志》）
嘉靖四十三年（1564）	南康通判陳學乾議（管廠官）一年一代。（《浮梁縣志》）
嘉靖四十四年（1565）	添設本府通判，駐本廠燒造，后因停止取回，赴京別選。（《饒州府志》）
隆慶五年（1571）	都御史徐栻疏，題稱該內承運庫太監崔敏題，爲缺少上用，各樣瓷器單開燒造，裏面鮮紅碗、個、甌、瓶、大小龍缸、方盒，各項共十萬五千七百七十桌、個、對……。（《浮梁縣志》）
隆慶六年（1572）	隆慶六年，復起燒造。（管廠官）仍于各府輪選。（《饒州府志》）
萬曆十年（1582）	萬曆十年會議。本府督捕通判駐廠。（《浮梁縣志》）
萬曆十年（1582）	萬曆十年，傳行江西燒造各樣瓷器九萬六千六百二十四個、副、對、枝、口、把。（《大明會典》卷一九四）

萬曆十二年（1584）	三月己亥"工科都給事中王敬民　言瓷器燒造之苦與玲瓏奇巧之難。得旨，棋盤、屏風減半燒造。"（《明神宗實錄》）
萬曆十三年（1585）	四月乙卯"使持御史疏至閣傳燒造瓷器內有屏風、燭台、棋盤、花瓶已造成者采進，未造者可停止。陶臣附奏云，臣等又聞燒造數內新式大龍缸亦屬難成，請并停之、栗入，上欣然從焉。"（《明神宗實錄》）
萬曆十四年（1586）	八月庚午"江西巡府陳有年題減瓷器，上傳論票擬照舊燒，金輔臣奏言……鮮紅等項器皿，從來燒無一成……"（《明神宗實錄》）九月壬寅"巡按江西監察御史孫旬等題稱，瓷器燒造難成者乞行減免，上命足敬者暫准停止，其餘照舊燒解。"（《明神宗實錄》）
萬曆十五年（1587）	十二月壬午"江西巡撫陳有年請將難成瓷器盡行免造……從之。"（《明神宗實錄》）
萬曆十九年（1591）	萬曆十九年命造十五萬九千，既而復增八萬，至三十八年未畢工。"（《明史·食貨志》）
萬曆十九年（1591）	正月甲子"工科楊其休等題請停減燒造瓷器，不允。工部疏稱，午樓瓷器見貯甚多，供用未乏，燒造即不准停，亦當量減。大學士申时行亦以爲言，不報。"（《明神宗實錄》）
萬曆十九年（1591）	四月辛酉"請停江西數年燒造以紓民困，依議行。"（《明神宗實錄》）
萬曆廿二年（1594）	二月辛酉"工部以江西土瘠民貧，連年□□，請停減燒造瓷器，不從。"（《明神宗實錄》）
萬曆三十年（1602）	二月甲申"江西稅監潘相、舍人王四等于饒州橫恣激變，致毀器廠。相誣奏通判陳奇可不能補救，得旨系遠……"（《明神宗實錄》）
萬曆三十年（1602）	十二月甲申"大學士沈一貫等……（潘）相又請添解送瓷器船只每府各造一只，每只當費萬金、江西十三府當費十三萬。"（《明神宗實錄》）
萬曆卅四年（1606）	三月乙亥"江西礦稅太監潘相以礦撤觖望移往景德（鎮），上疏請專理窯務……從之。"（《明神宗實錄》）
萬曆卅五年（1607）	六月乙卯"工部右侍郎劉元震……言查江西燒造自萬曆十九年，內承運庫止派瓷器十五萬九千餘件，已經運完，所有續派八萬餘件，分爲八運，除完七運外，只一萬餘件，所當不多，宜行停止，或令有司如數造完……"（《明神宗實錄》）

資料自《中國陶瓷史》北京·文物出版社　　　　　　　　　　　製表人：成耆仁

表六 窯址實測圖

一、康津桂栗里窯實測圖

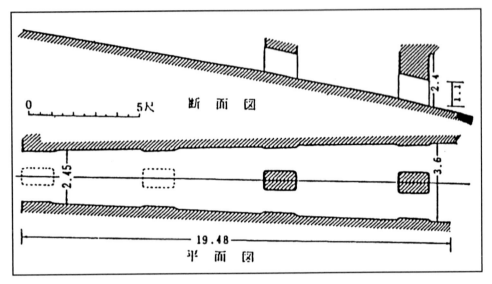

二、扶安鎮西里窯實測圖

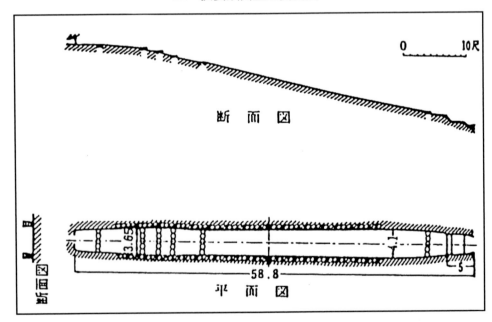

資料出自:鄭良謨《高麗陶瓷的窯址和出土品》,頁 231

表七：廣州朝鮮白瓷窯址（史蹟 341 號）分布圖

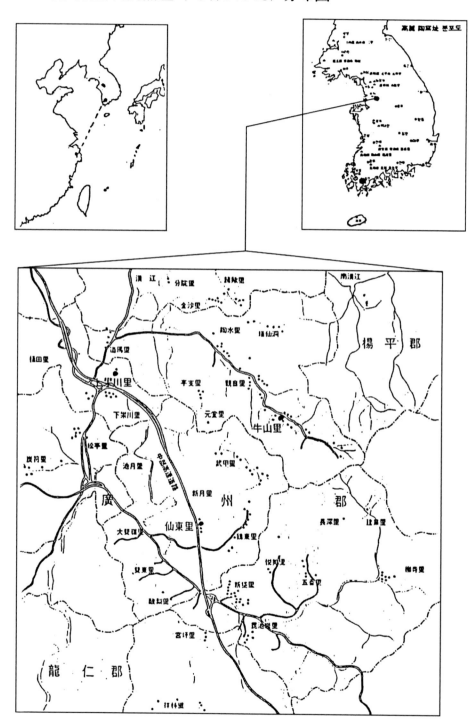

表八　匣鉢燒製範例

高麗初期：

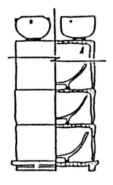 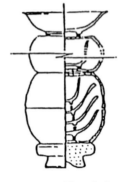 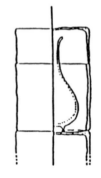

（1）上等品青瓷　　　　（2）上等品青瓷　　　　（3）上等品青瓷

朝鮮：

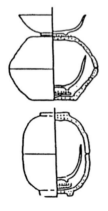 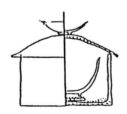 

（1）上等粉青瓷　　　　（2）上等白瓷　　　　（3）白瓷（利用廢物燒）

墊燒：

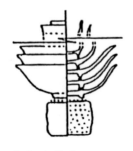  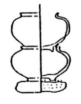 

（1）中等品　　　（2）中等品　　　（3）中等品　　　（4）疊燒（粗品）

表十　紀年銘朝鮮白瓷器

	朝鮮王朝	紀年銘	器皿		資料出處
1	光海軍 13 年（1621）	天啓銘（1621～1626）青花葡萄草紋盆臺	青花盆臺		
2	仁祖六年（1626）	天啓六年銘〔仁興君第一女〕白瓷線刻白瓷胎壺（內外壺）。	白瓷胎壺		韓國國立中央博物館
3	仁祖七年（1627）	天啓七年銘〔仁興君第二小主阿只氏〕白瓷線刻白瓷胎壺（內外壺）。	白瓷胎壺		韓國國立中央博物館
4	仁祖八年（1630）	崇禎三辛酉安隱堂製銘青花鋏。	青花鋏		
5	仁祖十年（1632）	崇禎五年銘〔仁興君第一子〕白瓷線刻皿形墓誌。	白瓷墓誌		韓國國立中央博物館
6	孝宗七年（1656）	丙申銘白瓷胎壺（內外壺）康熙九年銘誌石伴出。	白瓷胎壺		
7	顯宗九年（1668）	康熙七年銘〔閔天瑞〕白瓷墓誌	白瓷墓誌		全南大學博物館
8	顯宗 11 年（1670）	康戌三月日銘鐵沙龍紋壺	壺		BOSTON 美術館
9	肅宗九年（1683）	崇禎甲申後四十今上即位之九年銘南陽洪氏青花墓誌。	青花墓誌		韓國國立中央博物館
10	肅宗十年（1684）	崇禎後甲子（十二月十一日）銘青花水滴。	青花水滴		韓國國立中央博物館
11	肅宗 33 年（1707）	崇禎紀元後戊辰八十年丁亥銘〔沈益善〕青花墓誌八件	青花墓誌		
12	英宗 25 年（1749）	乾隆十四年銘〔李瑞〕鐵沙墓誌	墓誌		韓國全州市立博物館
13	英宗 32 年（1756）	上之三十二年丙子銘〔全汝□銘〕青花墓誌。	青花墓誌		釜山大學博物館
14	英宗 37 年（1761）	乾隆二十六年辛巳銘〔安宗茂〕鐵沙墓誌	鐵沙墓誌		國立中央博物館（韓國）
15	英宗 40 年（1764）	乾隆二十九年銘〔權大臨〕鐵沙墓誌	鐵沙墓誌		光州東新高中

16	純祖八年 （1808）	崇禎紀元後四戊辰銘〔洪大胤〕鐵沙墓誌	鐵沙墓誌	釜山大學博物館
17	純祖 29 年 （1829）	崇禎後二百二年己丑銘〔林千壽〕青花墓誌六件。	青花墓誌	國立中央博物館（韓國）
18	顯宗九年 （1843）	崇禎後二百十六年癸卯銘〔全在仁〕青花墓誌。	青花墓誌	韓國國立中央博物館
19	哲宗一年 （1850）	道光二十年庚戌正月日青花銅紅桃形水滴。	水滴	
20 21	哲宗 2～12 年 （1851～1861）	咸豐製造銘　青花山水銘角瓶 咸豐年製銘　青花十二角雲龍紋盤	青花角瓶 青花盤	
22	哲宗三年 （1852）	宗令上壬子銘〔德水李氏〕青花墓誌	青花墓誌	全南大學博物館
23	光武四年 （1900）	庚子銘〔全景漢〕青花墓誌	青花墓誌	韓國國立中央博物館

製表人：成耆仁

附　圖

圖版目錄

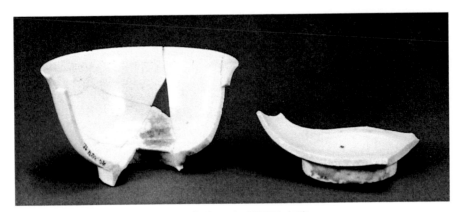

圖1　白瓷三角形圈足小碗

廣州牛山里窯址出土（朝鮮前期）（高 10 公分、口徑 17.3 公分）

圖1-1　「丁閏二」銘白瓷小碗

光州忠孝洞窯址出土（1477）

圖 1-2　粉青「丁閏二」銘小碗
光州忠孝洞窯址出土（1477）

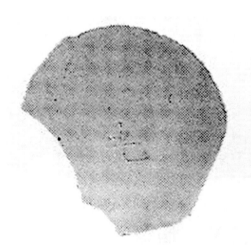

圖 1-3

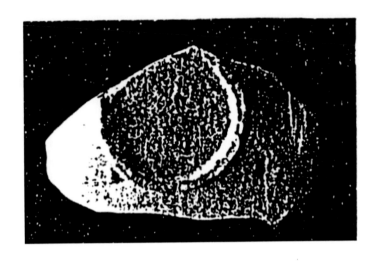

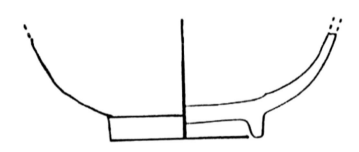

圖 2　白瓷「見樣」銘碗
廣州牛山里窯址出土（朝鮮）
（高 6.3 公分、底徑 8.5 公分）

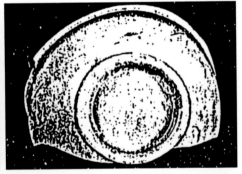

（同左）

圖 3　白瓷圈足碗
廣州牛山里窯址出土（朝鮮）（高 8 公分、底徑 6.2 公分）

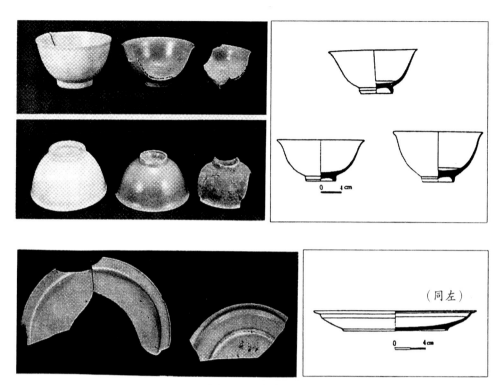

圖 3-1　白瓷碗
廣州樊川里五號窯址出土（朝鮮）

圖 3-2　白瓷碗、盤
通政大夫紀年墓出土

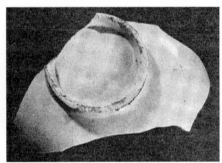

圖 4　白瓷高圈足盤

廣州牛山里窯址出土（高 5.5 公分、底徑 8.3 公分）

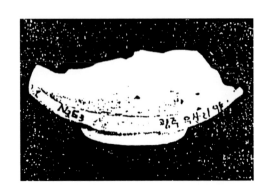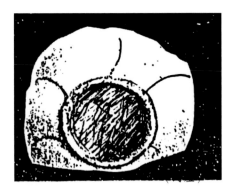

圖 5　白瓷花形盞

廣州牛山里窯址出土（殘高 2.6 公分、底徑 3.6 公分）

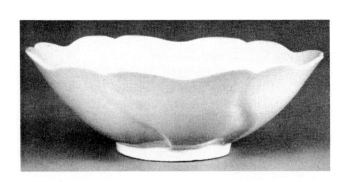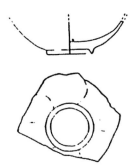

圖 5-1　白瓷六瓣花形盞

韓國個人收藏（高 4.8 公分、口徑 14 公分、底徑 5.3 公分）

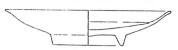

圖6　白瓷倒立三角形圈足大盤
廣州牛山里出土（朝鮮初期）
（高 4.8 公分、口徑 21.2 公分、底徑
8.8 公分）

圖 6-1　白瓷大盤
廣州牛山里出土（朝鮮初期）
（高 4.8 公分、口徑 20.7 公分、
底徑 9 公分）

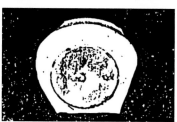

圖7　白瓷盞
廣州牛山里出土
（高 4.4 公分、口徑 9.1 公分、
底徑 4.1 公分）

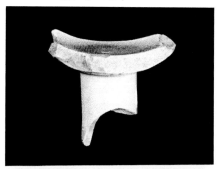

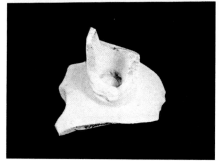

圖8　白瓷高足杯
廣州牛山里出土（朝鮮初期）
（高 5.7 公分、底徑 3.2 公分）

圖 8-1　白瓷高足杯

韓國國立中央博物館收藏（朝鮮初期）（高 8.5 公分、口徑 15.2 公分、底徑 4.3 公分）

圖 8-2　青花高足杯

台北故宮收藏（明宣德年）（口徑 16.7 公分）

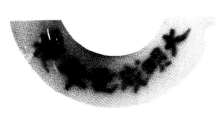

圖 8-3　青花高足杯
台北故宮博物院（明成化年）
（高 6.7 公分、口徑 7.9 公分）

圖 9　白瓷兩耳杯
廣州牛山里窯址出土

圖 9-1　白瓷祭祀器
韓國國立中央博物館收藏（十七世紀）（高 10 公分、口徑 18.5、底徑 9.7 公分）

圖 9-2　白瓷祭祀器
韓國國立中央博物館收藏（十九世紀）（高 10 公分、口徑 16 公分、底徑 9.9 公分）

圖 9-3　白瓷祭祀器
韓國國立中央博物館收藏（十九世紀）（高 11.2 公分、口徑 23.7 公分、底徑 11.6 公分）

圖 9-4　白瓷祭祀器
韓國國立中央博物館收藏（十七世紀）（（左）高 8 公分、（右）高 8.2 公分）

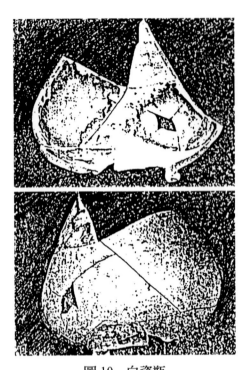

圖 10　白瓷瓶

廣州牛山里窯址出土（殘高 20.5 公分、口徑（約）12.4 公分）

圖 10-1　白瓷圓球瓶　　　　　　　圖 10-2　白瓷小口瓶

廣州牛山里窯址出土　　　　廣州牛山里窯址出土（十五世紀）

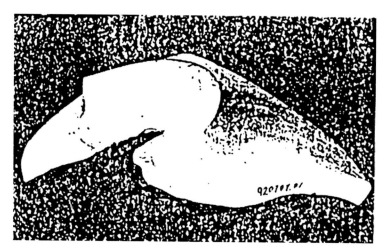

圖 10-3　白瓷將軍瓶
廣州牛山里窯址出土

圖 10-4　白瓷象嵌牡丹紋小口瓶
韓國湖巖美術館（十五世紀）

圖 11　白瓷「洪武二十四年」銘文鉢
韓國國立中央博物館（1391 年製）（高 19.3 公分、口徑 20.7 公分、底徑 9.4 公分）

圖 11-1　白瓷銘文鉢
韓國國立中央博物館（1391 年製）（高 17.7 公分、口徑 22.4 公分、底徑 10.2 公分）

圖 12　（右）元官窯白瓷高足杯　　　　圖 12-1　甜白高足杯剖視圖
　　　　（左）明官窯高足杯殘足　　　　　　　永樂年款在足底

西元 1979 年珠山出土

圖 13　（左）早期甜白梨形壺（永樂年）（右）晚期紅地白龍壺

圖 14　（左）青花蓋罐（洪武）　　　　（右）白瓷蓋罐（永樂）

圖15　（左）青花盞托（元代）　　　（右）白瓷盞托（永樂）

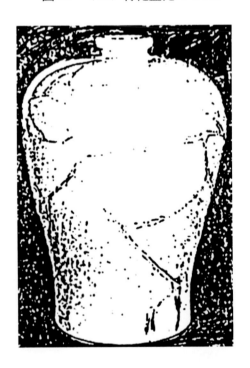

圖16　（左）甜白梅瓶（永樂），西元 1983 年珠山出土（右）「內府」款梅瓶，大
　　　阪東洋陶磁美術館

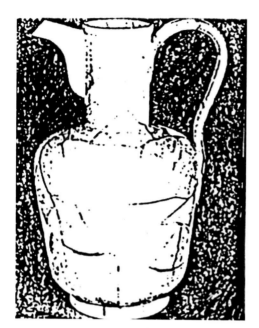

圖17　（左）白瓷短流把壺（永樂）（右）伊斯蘭金銀器

圖18　青花如意雲紋把手水注，珠山出土

圖19 （左）白瓷單把水罐，（右）伊斯蘭金銀器

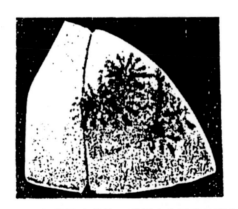

圖20 松葉紋青花片 廣州牛山里窯址出土

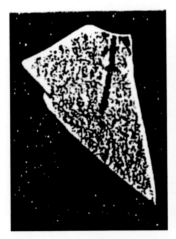

圖21 青花纏枝紋片 廣州牛山里窯址出土（厚度0.3公分）

圖 21-1　（A）青花纏枝紋片
漢城出土、廣州牛山里燒製

（B）青花纏枝紋殘片
漢城出土、廣州牛山里燒製

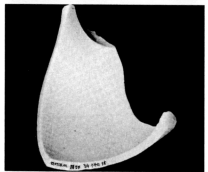

圖 22　青花「司果」銘文墓誌石片
廣州牛山里出土（8.7 公分×4.7 公分）

圖 23　青花雲龍紋壺片
廣州牛山里出土
（22 公分×17 公分，厚度 0.7 公分）

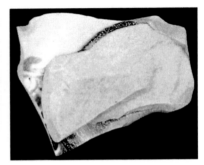

圖 23-1　鐵繪雲龍紋片

廣州仙東里出土

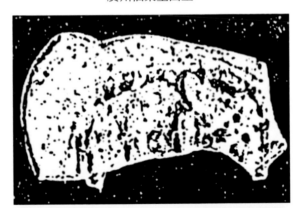

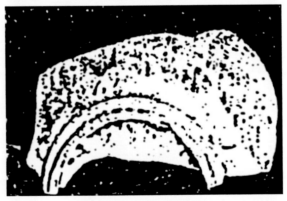

圖 24　青花草紋碗片

廣州樊川里窯址出土

圖 25　青花詩句紋盤
國立中央博物館（十五世紀後半）

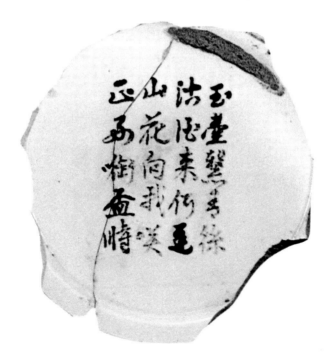

圖 25-1　青花五言詩句紋盤
廣州道馬里窯址出土

圖 25-2　鐵繪「丁巳造」銘白瓷盤
湖巖美術館（直徑 22 公分）

圖 25-3　青花「忘憂臺」銘盤
個人收藏（高 1.9 公分、直徑 16 公分）

圖 26　青花梅竹梅瓶
漢城出土，廣州道馬里窯燒製（朝鮮初）

圖 26-1　鐵繪梅竹紋梅瓶（正面）
國立中央博物館（國寶第 166 號）
（高 41.3 公分、底徑 21.2 公分）

（背面）

圖 27　青花虎崔紋梅瓶
　　　　國立中央博物館收藏

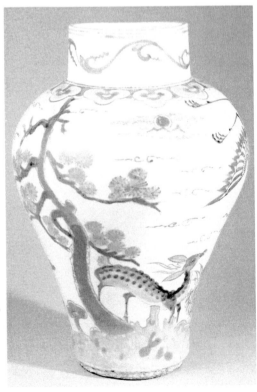

圖 28　青花銅釉吉祥紋梅瓶
　　　　國立中央博物館
　　　　（高 40.2 公分）

圖 28-1　銅釉竹葉紋白瓷
國立中央博物館（高 20.7 公分）

圖 28-2　銅釉蓮紋白瓷小瓶
國立中央博物館

圖 29　青花草紋扁瓶
國立中央博物館（高 18 公分、口徑 2.4 公分）

圖 29-1　青花海水魚紋盤
國立中央博物館

圖 30　青花碗盤
國立中央博物館（十九世紀）

圖 31　青花竹紋多角瓶
國立中央博物館（高 27.5 公分）

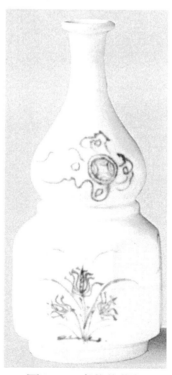

圖 31-1　青花葫蘆瓶
國立中央博物館（高 21.2 公分、口徑 3.6 公分）

圖32　青花雲龍紋球形罐
國立中央博物館（高 35.5 公分）

圖33　銅釉松鶴紋圓瓶
日本大阪東洋陶磁美術館（高 24.2 公分）

圖 34　青花「庚午」銘
罐國立中央博物館（高 28.3
公分）

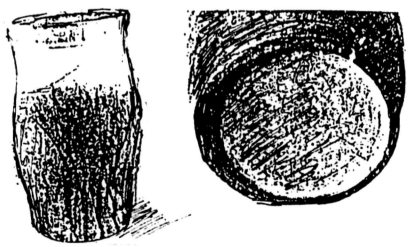

參考圖 1　淳化四年銘壺（同器底銘文）
梨花女子大學博物館（993 年）（高 35 公分、口徑 19.5 公分、底徑 16.4 公分）

參考圖 2　匣鉢

（高 15.5 公分、口徑 31 公分）

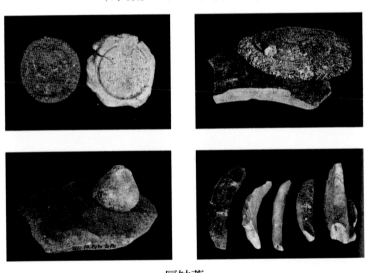

匣鉢蓋

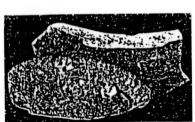

參考圖 2-1　陶枕

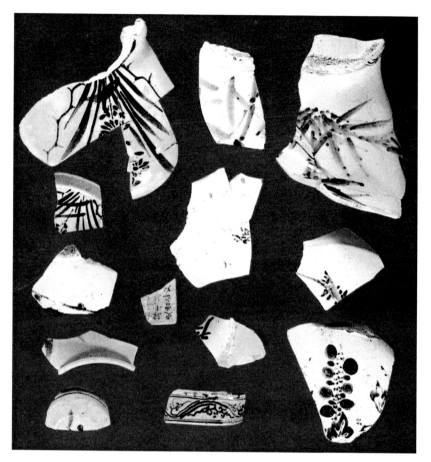

參考圖 3　廣州仙東里窯址出土各種鐵繪白瓷片（十七世紀中期）

參考書目

壹、文　獻

一、中　文

1. 王宗沐等纂，《江西省大志》七卷《陶書》，明萬曆二十五年刊本，（日本，內閣文庫藏）。

2. 王臨元等人纂修、陳淯增修，《浮梁縣志》九卷首一卷，清康熙十二年刻增修本，（稀見中國地方志匯刊第二十六冊），（北京，中國科學院圖書館選編，1992 年 12 月第一版）。

3. 太平老人，《袖中錦》不分卷，《叢書集成新編》，（台北，新文豐出版公司，民國 74 年），頁 259～260。

4. 江浦寂園叟，《匋雅》上、下卷，《陶瓷譜錄》，（台北，世界書局，民國 69 年第四版）。

5. 朱琰，《陶說》六卷，收錄於《陶瓷譜錄》（上），藝術叢書第一輯第三十三冊（台北，世界書局）。

6. 宋濂等修，《元史》二百十卷，（台北，開明書局鑄版，民國 54 年）。

7. 李東陽等撰，申世行等重修，《大明會典》二二八卷，（台北，東南書報社，民國 72 年）。

8. 吳允嘉纂，《浮梁陶政志》不分卷，收錄於《叢書集成新論》四十八（台北，新文豐出版公司，民國 74 年），頁 510～511。

9. 吳宗慈，《江西通志稿》，《古瓷鑑定指南》二編，（北京，燕山出版社，1993 年 8 月北京第一版）。

10. 高宗敕撰，《清文獻通考》三○○卷，（台北，新興書局印行，民國 52 年）。

11. 徐兢，《宣和奉使高麗圖經》四十一卷，（台北，台灣商務印書館，民國 60

年 10 月臺一版）。

12. 曹昭，《格古要論》三卷，景印文淵閣四庫全書子部一七七雜項類（台北，台北商務印書館，民國 73 年）。

13. 脫脫，《宋史》四百九十六卷，（台北，開明書局，民國 57 年版）。

14. 張廷玉，《明史》三三二卷，（台北，開明書店鑄版，民國 54 年）。

15. 張其昀主纂，《清史》五五○卷，（台北，國防研究院、中國文化研究所，民國 50 年）。

16. 奧玄寶，《茶壺圖錄》三卷，收錄於《陶瓷譜錄》（下），藝術叢書第一輯第三十四冊，（台北，世界書局）。

17. 錫惠修、石景芬纂，《饒州府志》三十二卷，（中國地方叢書，清同治十一年刊），（台北，成文出版社印行，民國 63 年）。

18. 龍文彬撰，《明會要》八○卷例略目錄一卷，（台北，世界書局，民國 69 年第四版）。

19. 藍浦，《景德鎮陶錄》十卷，收錄於《美術叢書》二集八輯（台北，世界書局，民國 69 年 3 月四版）。

20. 藍浦原著、鄭廷桂補輯，《景德鎮陶錄》十卷，（台北，文海出版社，民國 58 年）。

21. 蘇軾《蘇東坡全集》五一卷（卷首一卷），（台北，新興書局，民國 44 年）。

二、外　文

（一）韓　文

1. 成倪，〈傭齋叢話〉十卷，收錄於《大東野乘》古典國譯叢書四九（漢城，民族文化推進委員會，1982）。

2. 李孟賢等人撰，《慶尚道續撰地理志》，奎藏閣收藏版，（漢城，精神文化研究院影本）。

3. 李萬運等人，《萬機要覽》不分卷十冊（漢城，財團法人民族文化推進會，1982 年）。

4. 《承政院日記》，一○四冊，（漢城，國史編纂委員會，1968 年）。

5. 東亞大學校古典研究室編，《譯註高麗史》三十五卷，（韓國，古典刊行會影印版，1960 年）。

6. 金宇瑞，《高麗使節要》三十五卷，（漢城，亞細亞文化社，1972 年），頁 916。

7. 國史編纂委員會，《朝鮮王朝實錄》一八九三卷，（漢城，東國文化社，1955 年）。

8. 崔恒等人纂，《經國大典》六卷，（漢城，韓國精神文化研究院，1985 年）。

9. 鄭麟趾等人，《高麗史》一三九卷卷首，（漢城，延世大學校東方研究所，1968 年）。

（二）日　文

1. 李荇等人纂，《新增東國輿地勝覽》五十五卷，（東京，国會刊行會，昭和六十一年二月）。

2. 朝鮮王朝法典叢書，《經國大典》六卷，（東京，學習院東洋文化研究所，昭和四十六年十二月）。

貳、專　書

一、中　文

1. 中國硅酸鹽學會主編，《中國陶瓷史》，（北京，文物出版社，1982），457 頁。

2. 佘城，《明代青花瓷器發展與藝術之研究》，（台北，文史哲出版社，民國 75 年），362 頁。

3. 金正奎，《中韓兩國飲茶禮俗之研究》，（台北，國立台灣師範大學國文研究所博士論文，民國 73 年 6 月），278 頁。

4. 國立故宮博物院編輯委員會，《明宣德瓷器特展目錄》，（台北，國立故宮博物院，民國 73 年 7 月第三版），130 頁。

5. 國立故宮博物院編輯委員會，《明成化瓷器特展目錄》，（台北，國立故宮博物院，民國 73 年 7 月第四版），160 頁。

6. 國立歷史博物館編輯委員會，《唐三彩特展圖錄》，（台北，國立歷史博物院，民國 84 年 6 月），173 頁。

7. 國立歷史博物館編輯委員會，《明清民窯青花瓷紋飾特展》，（台北，國立歷史博物院，民國 85 年），135 頁。

8. 葉喆民，《中國古陶瓷科學淺說》，（北京，輕工業出版社，1980 年），176 頁。

9. 張浦生，《青花瓷器鑑定》，（北京，書目文獻出版社，1995 年），122 頁。

10. 馮先銘，《中國陶瓷》，（上海，上海古籍出版社，1993 年），656 頁。

11. 劉靜敏，《清代官窯瓷器之研究》，（台北，中國文化大學藝術研究所碩士論文，民國 78 年 12 月），328 頁。

12. 蔡玫芬，《定窯瓷器之研究》，（台北，國立台灣大學歷史研究所畢業論文，民國 67 年 6 月），274 頁。

13. 劉靜敏，《清代官窯瓷器之研究》，（台北，中國文化大學藝術研究所碩士論文，民國 78 年 12 月），328 頁。

二、外　文

（一）韓　文

1. 文化公報部、文化財管理局，《新安海底遺物綜合編》，（漢城，國立中央博物館，1988 年），546 頁。

2. 木浦大學校學術叢書，《康津郡的文化遺蹟》，（韓國木浦，國立木浦大學博物館，1989 年），387 頁。

3. 白富欽，《由文獻看朝鮮白磁的需要層的變化》，（韓國釜山，東亞大學校碩士論文，1989 年），78 頁。

4. 尹龍二，《莞島海底遺物》，（漢城，文化管理局，1985 年），385 頁。

5. 百濟文化研究所，《百濟武寧王陵》，（韓國，公州大學，1991 年），157 頁。

6. 江原大學校、韓國史教材編纂委員會，《韓國史的理解》，（韓國，江原大學校出版部，1989 年），328 頁。

7. 李其白，《韓國史新論》，（漢城，一潮閣，1967 年），321 頁。

8. 宋贊植，《朝鮮後期手工業研究》，（漢城，國立漢城大學出版部，1987 年），408 頁。

9. 金辰구，《韓國甕器工坊的實態研究》，（漢城，弘益大學校碩士論文，1974 年），120 頁。

10. 金仲基，《傳統窯爐的構造與特徵研究》，（韓國，圓光大學校應用美術研究所碩士論文，1991 年），63 頁。

11. 金英媛，《朝鮮前期陶磁之研究》，（漢城，學研文化社，1995 年），272 頁。

12. 禹東玟，《韓國登窯研究》，（韓國釜山，東亞大學校教育大學院碩士論文，1982 年），119 頁。

13. 姜萬吉，《朝鮮時代商工業史研究》，（漢城，朝吉社，1984 年），346 頁。

14. 姜敬淑，《粉青沙器的研究》，（漢城，梨花女子大學校博士學位論文，1985 年），326 頁。

15. 秦弘燮，鄭良謨，《朝鮮白磁展（一）》，（韓國，湖巖美術館，1983 年），81 頁。

16. 國立中央博物館，《國立中央博物館》，（漢城，國立中央博物館，1986 年），250 頁。

17. 梨花女子大學校博物館，《朝鮮白磁窯址發掘報告展》，（漢城，梨花女子大學校博物館，1993 年），123 頁。

18. 鄭良謨、秦華秀，《高麗陶瓷銘文》，（漢城，國立中央博物館，1992 年），159 頁。

19. 鄭良謨、金英媛，《光州忠孝洞窯址》，（漢城，國立中央博物館，1992 年），204 頁。

20. 調查研究報告書八六～一,《韓國白磁陶窯址》,(漢城,韓國精神文化研究院,1986 年),326 頁。

21. 權丙卓,《傳統陶磁的生產與需要》,(韓國大邱,嶺南大學校民族文化研究所,1979 年),275 頁。

（二）日　文

1. 三杉隆敏,〈世界の染付（四）〉李朝染付,(日本,同朋舍,昭和六十二年一月),200 頁。

2. 大橋康二,《古伊萬里の文樣》,(日本,理工學社,1994 年),307 頁。

3. 田川孝三,《朝鮮朝貢制の研究》,東洋文庫論叢四七（東京,東洋文庫,昭和三十九年）,796 頁。

4. 世界陶磁全集第十四,《朝鮮編》,(日本,河出書房,昭和三十一年),277 頁。

5. 伊藤郁太郎,《安宅コレクション東洋陶磁名品圖錄》李朝,(日本,經濟新聞社,昭和五十五年),130 頁。

6. 伊藤郁太郎,《東洋陶磁名品圖錄》,(日本,經濟新聞社,昭和六十五年),302 頁。

7. 長谷部樂爾,《陶器講座八》朝鮮（一）,(日本,雄山閣,昭和四十六年),317 頁。

8. 東京大學出版會,《韓國美術蒐選》李朝陶磁,(東京,清閑舍,東京大學出版會,1978 年),500 頁。

9. 香本不苦治,《陶器講座九》朝鮮（二）,(日本,雄山閣,昭和五十一年),356 頁。

10. 淺川巧,《朝鮮陶磁名考》,(東京,清閑舍,1931 年),237 頁。

11. 野守健,《高麗陶磁の研究》,(日本,清閑舍,昭和十九年),284 頁。

12. 鄭良謨,《李朝陶磁的編年》,世界陶磁全集十九李朝編,(東京,小學館,1980 年),330 頁。

（三）西　文

1. C.R. Boxer, The Dutch Seaborne Empire 1600～1800, London, 1966, 285PP

2. C.J.A. Jörg Porcelain and the Dutch China Trade, The Hauge, 1982, 365PP

參、論　文

一、中　文

1. 成耆仁,〈從新安出土元代陶瓷器看中韓歷史關係〉,《國立歷史博物館》第二卷第 12 期,(台北,國立歷史博物館,民國 81 年 10 月),頁 22～31。

2. 〈中國茶史、茶具——兼談在韓國之演變〉（上），《歷史文物》第五卷第3期，（台北，國立歷史博物館，民國 84 年 8 月），頁 6～14。

3. 〈略談越窯青瓷在朝鮮半島內的生根和演變〉，『歷史文物』第六卷第 1 期，（台北，國立歷史博物館，民國 85 年 2 月），頁 22～31。

4. 〈初談越窯青瓷在高麗康津地區的生根與開花〉，『千峰翠色——越窯特展』，（台北，財團法人年喜文教基金會，民國 85 年 2 月），頁 101～117。

5. 〈草率飄逸——明清民窯青花瓷〉，《明清民窯青花瓷紋飾特展》，（台北，國立歷史博物館，民國 85 年 6 月），頁 16～31。

6. 朱伯謙，〈試論我國古代的龍窯〉，《文物》第 334 期（北京，文物出版社，1984 年 3 月），頁 57～62。

7. 朱鴻，〈朱棣——身兼『祖』『宗』的皇帝〉，《鴻禧文物》創刊號（台北，鴻禧美術館，1996 年），頁 145～160。

8. 阮平爾，〈南宋官窯工藝承嗣三題〉，《中國古代青瓷專輯》，（江西，江西文物，1991 年 4 月），頁 49～52。

9. 宋晞，〈宋商在麗宋貿易中的貢獻〉，《史學彙刊》第 8 期，（台北，民國 66 年 8 月），頁 83～109。

10. 林士民，〈北洋航路拓展與朝鮮半島製瓷文化的交流〉，《浙東文化論叢》，（北京，中央編譯出版社，1995 年 5 月），頁 185～192。

11. 周仁等人，〈景德鎮製瓷原料及胎、釉的研究〉，《中國古陶瓷論文集》，（北京，輕工業出版社，1983 年），頁 31～59。

12. 張浦生、胡雅蓓，〈元代景德鎮青花瓷器的外銷〉，《中國古代陶瓷的外銷》（中國古陶瓷研究會、北京，紫禁城出版社，1988 年 11 月），頁 77～81。

13. 張誠，〈青花顏料初探〉，《文物》第 315 期（北京，文物出版社，1982 年 8 月），頁 65～66。

14. 馮先銘，〈從文獻看唐宋以來飲茶風尚及陶瓷茶具的演變〉，《馮先銘中國古陶瓷論文集》，（北京，紫禁城出版社，1987 年），頁 7～12。

15. 黃光男，〈初讀彩陶〉，《原生文明——館藏史前彩陶特展》（台北，國立歷史博物館，民國 85 年 11 月），頁 14～22。

16. 劉良佑，〈景德鎮出土明初官窯標本試析〉，《鴻禧文物》創刊號（台北，鴻禧美術館，民國 85 年 2 月），頁 67～88。

17. 劉新園，〈景德鎮明御廠故址出土永樂、宣德官窯瓷器之研究〉，《景德鎮珠山出土永樂、宣德官窯瓷器展覽》，（香港，香港市政局出版，1989 年），頁 14～50。

18. 劉新園，〈景德鎮珠山出土的明初與永樂官窯瓷器之研究〉，《鴻禧文物》創刊號（台北，鴻禧美術館，1996 年），頁 1～40。

19. 劉振群，〈窯爐的改變和我國古陶瓷發展的關係〉，《中國古陶瓷論文集》

（中國硅酸鹽學會編，北京，文物出版社，1982 年），頁 162〜172。

20. 羅麗馨，〈明代景德鎮御廠的生產形態〉，《鴻禧文物》創刊號（台北，鴻禧美術館，1996 年），頁 45〜65。

21. 謝明良，〈關於中國白瓷起源的幾個問題〉，《故宮文物月刊》第四卷第 6 期（台北，國立故宮博物院，民國 75 年 9 月），頁 133〜136。

二、外　文

（一）韓　文

1. 尹龍二，〈朝鮮時代分院的設立與演變相關研究（一）〉，《考古美術》一四九號，（漢城，考古美術史學會，1981 年）。

2. 〈高麗陶磁窯址的研究〉，《考古美術》一七一、一七二高麗時代美術特輯（韓國，韓國美術史學會，1986 年 12 月）。

3. 〈朝鮮初期陶磁的樣相〉，《朝鮮白磁窯址發掘展》，（漢城，梨花女子大學校博物館，1993 年），頁 2〜77。

4. 田勝昌，〈十五世紀陶磁所考察（一）〉，《湖巖美術館研究論文集》一號（漢城，湖巖美術館，1996 年 6 月），頁 85〜102。

5. 全海宗，〈麗元貿易的性格〉，《韓國與中國──東亞史論集》，（漢城，知識產業社，1982 年再版），頁 134〜146。

6. 姜敬淑等人，〈朝鮮白磁〉，《韓國陶磁史》，（漢城，一志社，1989 年），頁 24〜187。

7. 秦弘燮，〈粉青沙之美〉，《李朝陶磁》粉青沙器扁（漢城，中央日報、東亞放送，1979 年），頁 16〜247。

8. 崔淳雨，〈光州高麗時代陶窯址發掘調查〉，《光州忠孝洞窯址》（漢城，國立中央博物館，1992 年），頁 196〜199。

9. 〈成化三年銘司饔院銅印〉，《考古美術》下卷，通卷八十二號，（漢城，韓國美術史學會，1972 年 12 月），頁 515。

10. 崔淳雨、鄭良謨，〈圖版解說〉，《韓國之美》（四）青磁（漢城，中央日報社，1981 年），頁 195〜264。

11. 鄭吉子，〈高麗時代火葬考察〉，《釜山史學會》第七輯（釜山，1983 年 3 月），頁 54〜62。

12. 鄭良謨，〈高麗陶磁的窯址與出土品〉，《青磁》（漢城，中央日報社，1981 年），頁 32〜233。

13. 〈朝鮮白磁的變遷〉，《朝鮮白磁展（一）》（漢城，三星文化美術財團，湖巖美術館，1983 年），頁 55〜65。

14. 〈白磁論〉，《李朝陶磁》白磁扁──韓國之美（二），（漢城，中央日報社、東亞放送，1987 年）。

15. 權丙卓,〈高麗後期陶磁器所的經營形態〉,《傳統陶磁的生產與需要》, (韓國大邱,嶺南大學校民族文化研究所,1979 年),頁 57～88。

(二) 日 文

1. 三上次男,〈高麗磁器的起源とその歷史的背景〉,《朝鮮學報》九十九輯 (日本九州,1981 年 7 月),頁 265～275。

2. 〈日本陶磁の源流と展開〉,《日本、朝鮮陶磁史研究》(日本,中央公論 美術出版,昭和六十年),頁 3～13。

3. 〈廣州の窯──朝鮮の白磁窯をたずねて〉,《日本、朝鮮陶磁史研究》, (日本,中央公論美術出版,昭和六十年),頁 292～308。

4. 〈李朝白磁とその特質〉,《日本、朝鮮陶磁史研究》(日本,中央公論美 術出版社,昭和六十年),頁 279～291。

5. 〈古代、中世の朝鮮陶磁と日本〉,《日本、朝鮮陶磁史研究》(日本,中 央公論美術出版社,昭和六十年),頁 319～323。

6. 〈熊川金谷の古窯──韓國に古唐津の故鄉を訪ねて──〉,《日本、 朝鮮陶磁史研究》(日本,中央公論美術出版社,昭和六十年),頁 309 ～318。

7. 小山富大夫,〈李朝陶磁概説〉,《世界陶磁全集》十四 (李朝,東京,河 出書房,1956 年),頁 159～166。

8. 北村秀人,〈高麗時代的「所」制度について〉,《朝鮮學報》第五十輯,(日 本九州,1969 年)。

9. 長谷部樂爾,〈高麗白瓷〉,《陶器講座八、朝鮮 (一)》,(日本,雄山閣, 昭和四十六年),頁 30～315。

10. 劉新園,〈明初の官窯について──劉新園氏そ迎元て──〉,《東洋陶 磁》十五、十六輯 (日本,東洋陶磁學會,1985 年),頁 143～152。